LES BICHONS

Bichon maltais • Bichon havanais
Bichon frisé • Bichon bolognais
Petit chien Lion • Coton de Tulear

Catherine Baziret

LES BICHONS

Bichon maltais • Bichon havanais
Bichon frisé • Bichon bolognais
Petit chien Lion • Coton de Tulear

EDITIONS DE VECCHI S.A.
20, rue de la Trémoille
75008 PARIS

Malgré l'attention portée à la rédaction de cet ouvrage, l'auteur ou son éditeur ne peuvent assumer une quelconque responsabilité du fait des informations proposées (formules, recettes, techniques, etc.) dans le texte.
Il est conseillé, selon les problèmes spécifiques – et souvent uniques – de chaque lecteur, de prendre l'avis de personnes qualifiées pour obtenir les renseignements les plus complets, les plus précis et les plus actuels possible.

En couverture: Bichons havanais - Photo de Cogis-Labat

© 1995 Edition remise à jour - Editions De Vecchi S.A. - Paris
Imprimé en Italie

Introduction

Si vous demandez à n'importe qui ce que veut dire le terme «bichon», il y a de fortes chances que l'on vous réponde ou bien que c'est un petit chien blanc si la personne questionnée connaît un peu les chiens, ou bien que c'est la racine du mot «bichonner» qui veut dire «prendre soin, dorloter, traiter avec égard et tendresse». C'est dire comment les Bichons furent considérés pour que leur nom donnât naissance à ce verbe...

Toujours est-il que les ancêtres des Bichons actuels existaient déjà il y a fort longtemps. A l'époque d'Elisabeth Ire, le Dr Johannes Caius parlait des Bichons (maltais) en ces termes: «Ils sont vraiment très petits et surtout destinés à l'agrément des femmes qui les nichent dans leurs bras, sur leurs genoux, dans leur lit.» Cependant, quinze siècles auparavant, en 25 après J.-C., Strabon écrivait en parlant des mêmes chiens: «Il y a une ville de Sicile appelée Melita d'où on exporte quantité de chiens très beaux appelés *Canis Melitei.*» On sait qu'à l'époque de Strabon, Publius, gouverneur romain de Malte, possédait une chienne appelée Issa. Un poète de l'époque écrivit au sujet de cette chienne: «Issa est plus folâtre que le moineau de Catulle. Issa est plus exquise qu'un baiser de colombe, plus gracieuse qu'une vierge, plus précieuse que les gemmes de l'Inde. De crainte que les derniers jours où ses yeux verront la lumière la séparent de lui, Publius a fait peindre son portrait.»

Plus précis que les références littéraires, nous avons des portraits. Car cette race, dont la destinée fut d'attirer l'attention d'artistes fameux — sans doute en raison de la fortune de leurs maîtres — ne manque pas de représentations peintes. Ainsi Reynolds, dans son portrait de Nellie O'Brien, daté de 1763, inclut un Bichon très proche du type maltais.

Landseer, dont le nom fut par la suite utilisé pour définir un cousin du Terre-Neuve noir et blanc, fit lui aussi le portrait d'un Bichon maltais. Il intitula son œuvre *Le Dernier de la Race* croyant évidemment cette race condamnée à disparaître... Cette prophétie ne semble pas s'être réalisée, bien qu'avant la Première Guerre mondiale, la race comme bien d'autres d'ailleurs, fut effectivement menacée d'extinction.

Comme pour tant d'autres, l'intérêt que la reine Victoria témoigna au Bichon lui valut de nombreuses sympathies. Une histoire raconte qu'un Mr Lukey trouva en 1841 un couple de Bichons maltais à Manille et les paya fort cher avec l'intention de les présenter à la reine. Malheureusement, ils furent totalement négligés durant le voyage en mer, long de neuf mois; et leur robe à l'arrivée était dans un tel état qu'on déconseilla vivement à ce monsieur de les présenter ainsi à la reine... On suppose que ce couple de Bichons fut à l'origine de la majorité des Maltais qui vivent actuellement en Grande-Bretagne et en Amérique. Peu importe en fait la longue histoire des Bichons. Comme pour d'autres races, des croisements ont sûrement été effectués pour obtenir les différentes variétés et aboutir à ceux que nous connaissons actuellement. Et qu'ils soient bolognais, frisé, maltais ou havanais, les Bichons séduiront les amateurs de petits chiens attachants, facétieux parfois, rigolos souvent et fidèles à leur maître toujours...

Choisir son Bichon

Çà y est, vous êtes décidé, vous allez vous mettre à la recherche du Bichon de votre vie! Comme vous avez raison. Cet adorable petit animal ne peut qu'égayer votre maison. Mais attention, tout de même, avez-vous bien réfléchi à ce que suppose la présence d'un chien dans votre foyer? Etes-vous bien conscient qu'il devra vous accompagner durant de longues années, que vous devrez assumer les problèmes qu'il ne manquera pas de vous poser, les contraintes qu'il engendrera certainement. Pour l'éduquer il vous faudra du temps et de la patience.

Bien sûr, vous avez déjà dû penser à tout cela, y réfléchir à nouveau vous semble superflu... Mais il vaut mieux appréhender les éventualités plutôt que de, par la suite, vous désoler et ne plus savoir comment faire avec le petit monstre devenu trop encombrant...

L'acquisition de votre Bichon étant mûrement réfléchie, vous allez pouvoir vous mettre en quête de votre futur compagnon. Il vous faudra alors déterminer lequel des Bichons vous attire le plus: frisé, maltais, havanais, bolognais. Les pages qui sont consacrées à ces quatre variétés vous aideront peut-être à vous décider mais il est plus sage de vous adresser aux amateurs de la race. Le club du Bichon et du Petit chien Lion vous donnera tous les conseils et les précisions supplémentaires dont vous aurez besoin. Les éleveurs, également, vous vanteront les qualités de la race qu'ils élèvent. Vous pourrez soit aller les voir après avoir obtenu leurs coordonnées par le club, soit les consulter directement en les rencontrant dans les expositions canines. Pour savoir où et quand elles se déroulent, adressez-vous à la Société centrale canine qui détient le fichier des manifestations nationales et régionales canines. Bien sûr, vous pouvez ne pas vouloir consacrer une somme trop importante à l'achat de votre chiot et choisir de l'acquérir à bas prix soit par connaissance, soit par des petites annonces locales. Mais faites tout de même très attention car s'il ne faut pas a priori penser que les portées bon marché sont produites par des éleveurs peu scrupuleux ou par des particuliers qui n'y connaissent rien, il faut cependant savoir rester méfiant et circonspect. Votre chien va vous accompagner sa vie durant et il mérite vraiment que l'on accorde beaucoup d'attention à son choix. Des éleveurs consciencieux s'attachent à produire des sujets de qualité qui représentent bien leur race, ils choisissent soigneusement l'étalon pour saillir leur chienne, ils surveillent la gestation de leur femelle, ils veillent à apporter le meilleur soin possible aux petits chiots, ils s'occupent de leur première socialisation. Plus que des commerçants, ils sont avant tout des éleveurs qui vivent une passion, celle du chien. On peut donc, sauf exception, leur faire une totale confiance car ils sauront vous conseiller pour l'alimentation, les soins, l'éducation de votre petit protégé. D'ailleurs, un bon éleveur s'inquiétera des raisons qui vous poussent à choisir un Bichon plutôt qu'une autre race; il se renseignera aussi de la vie que vous allez offrir au petit chiot, si vous serez souvent absent, si le petit animal sera bien accepté par toute la famille. En fait, il voudra tout savoir car il ne veut pas laisser le chiot qu'il a soigné avec tant d'amour et d'attention au premier venu.

Si malgré tout vous ne suivez pas ces conseils et craquez devant un chiot que l'on vous propose, n'hésitez pas à procéder à quelques rapides vérifications. Si le chiot sur lequel vous avez porté votre choix présente l'un des symptômes suivants, écoulement du mucus des yeux ou du nez, abdomen distendu, agitation excessive, diarrhée très prononcée, toux persistante, plaies cutanées ou plaques de dépilation, vous pouvez en déduire plusieurs maladies: infection respiratoire, conjonctivite, maladie de Carré, présence de vers, toux de chenil, parasites, maladie de la peau. Quelle que soit l'origine de ces troubles, choisissez un autre chiot car vous n'auriez probablement que des problèmes avec ce pauvre petit animal.

Lorsque vous aurez fait votre choix, il ne restera plus qu'à effectuer l'achat de votre petit compagnon. Pour celui-ci, vous devrez connaître quelques détails administratifs, la vente d'un chien étant soumise à certaines obligations. Tout d'abord l'éleveur devra remplir avec vous une attestation de vente. En effet, suivant le décret n° 75282 du 24 avril 1975, celle-ci doit être signée des deux parties et doit indiquer les dates de vente et de livraison, le prix, les nom et adresse du vétérinaire choisi par le vendeur et par l'acquéreur pour éventuellement diagnostiquer une hépatite contagieuse ou la maladie de Carré. La loi vous protège contre ces maladies durant les quinze jours qui suivent l'achat: «La vente des chiens est nulle de droit lorsque, dans les quinze jours qui suivent leur livraison, ils sont atteints de la maladie de Carré ou d'hépatite contagieuse.»

L'attestation de vente doit bien sûr décrire l'identité du chiot en question, son nom, sa date de naissance, sa race, la couleur de sa robe. Outre cette attestation, l'éleveur devra vous remettre le certificat de naissance de votre nouveau compagnon. Il ne faut pas confondre ce certificat qui est de couleur rose avec le pedigree, de couleur bleue, qui n'est obtenu à titre définitif que lorsque votre chien aura remporté avec succès l'examen de confirmation. Cet examen, passé devant un juge de la race, signifie que votre compagnon est bien conforme à sa race et qu'il est capable de perpétuer les qualités et le standard de celle-ci. Mais ne paniquez pas si l'éleveur ne peut encore vous donner ce certificat de naissance. Bien souvent l'animal, lors de la vente, est encore jeune et la Société centrale canine ne l'a pas encore retourné à l'éleveur.

L'éleveur vous donnera également le certificat de vaccination du chiot contre l'hépatite contagieuse et la maladie de Carré. Votre chiot sera ainsi prémuni de ces deux maladies graves jusqu'à ce que vous puissiez le mener chez le vétérinaire pour le rappel.

A ces papiers, l'éleveur ajoutera la «carte d'immatriculation par tatouage au fichier central des animaux de l'espèce canine». Cette carte permet à votre chien d'être répertorié par la Société centrale canine. Son numéro de tatouage correspond donc à celui marqué sur la carte que vous remettra l'éleveur. Le décret du 21 avril 1975 stipule que: «L'identification par tatouage prévue par l'article 3 du 22 décembre 1971 est effectuée à la diligence des marchands ou exploitants des établissements spécialisés; ceux-ci délivrent à l'acheteur, au moment de la vente, le document attestant cette identification». Cette formalité est très importante car elle interdit toute contestation d'identité au moment de la cession et facilite les recherches en cas de perte ou de vol de votre Bichon.

Le tatouage s'effectue entre six et huit semaines soit à l'intérieur de l'oreille droite, soit sur la surface interne de la cuisse droite. Il est effectué par un vétérinaire ou par un tatoueur agréé par le ministère de l'Agriculture qui disposent de cartes d'immatriculation prénumérotées. Chaque numéro est composé de une, deux ou trois lettres suivies de trois chiffres qui sont imprimés de façon indélébile dans le derme de l'oreille ou de la cuisse. Depuis janvier 92, la législation relative au tatouage a changé, et ce changement entraîne une modification de la carte de tatouage.

Désormais, les tatoueurs sont donc responsables de la transmission de l'information au fichier national alors que les vendeurs (ou donateurs) se chargeront de toute modification par la suite. Pour améliorer cette communication avec le fichier national, tout changement est maintenant gratuit et facilité par la dispense d'affranchissement. Ainsi, la Société centrale canine espère pallier les trop nombreuses négligences observées: non-inscription du chien, non-information lors de changements...

La nouvelle carte de tatouage se présente en quatre volets, un blanc automatiquement dupliqué sur les trois autres est établi par le tatoueur qui l'envoie sous huit jours au fichier national: le chien est alors enregistré; un bleu que le tatoueur remet à l'éleveur si celui-ci déclare sa production au Livre des origines français; un rose que le tatoueur doit garder en archives pendant trois ans; et un jaune que le tatoueur remet au propriétaire du chien. Ce volet comprend deux parties: l'une (A) est le document qui atteste de l'identification du chien; l'autre (B) détachable sert, en cas de changement de propriétaire, d'adresse ou permet, lors du décès du chien, d'en informer le fichier national de la Société centrale canine.

Origine - Evolution

Le Bichon maltais

Les origines du Bichon maltais sont très anciennes car il est, dit-on, l'une des plus vieilles races connues. Il semblerait en effet que les pharaons le chérissaient déjà car l'on retrouve ses traces en Egypte et en Grèce vers 350 à 450 avant J.-C.

Aristote en parle ainsi que Timon en décrivant des petits chiens blancs à la longue robe soyeuse qui accompagnaient les Sybarites au bain. Leur apparition en Italie romaine semble remonter à Claudius dont ils furent les favoris. Au premier siècle avant J.-C., ils auraient suivi la route de la soie, et auraient servi en Chine comme monnaie d'échange ou comme présent dans des missions diplomatiques. Ils ne sont sans doute pas étrangers à des croisements effectués avec des chiens tibétains.

Son nom vient-il de l'île de Malte ou de la ville sicilienne, Melita? Il est bien difficile de pouvoir répondre à cette interrogation, car l'une ou l'autre des hypothèses est envisageable. En effet, le Bichon maltais aurait pu être l'objet de transactions dans l'un ou l'autre de ces lieux de passage.

Ce n'est qu'en 1805 qu'est mentionné pour la première fois l'élevage de ce petit chien par Louis de Boisgelin dans son livre *Ancient and modern Malta*, ce qui confirmerait alors que le Bichon maltais est effectivement originaire de l'île de Malte. En fait, le Bichon maltais a peu évolué. Il n'aurait pratiquement pas fait l'objet de croisements bien qu'il eut dû servir à la création de plusieurs races actuelles.

Au cours des siècles, on peut retrouver la silhouette du Bichon maltais dans diverses œuvres d'art: poteries égyptiennes, grecques, tapisseries et tableaux. En France par exemple, il figure dans la célèbre tapisserie de la *Dame à la Licorne*. On peut également le voir sur des tableaux de Titien en 1576 et dans les œuvres de Dürer et de Goya et ce, toujours en compagnie de dames élégantes. C'est dire qu'il était alors déjà recherché pour son calme et son savoir-vivre instinctif.

En Angleterre, l'introduction du Bichon maltais se situerait en l'an 1500 où l'Histoire évoque un petit chien blanc, vraisemblablement un Bichon maltais, qui aurait été sauvé de la noyade par un bateau anglais. Ce sujet rescapé aurait servi, sur le territoire anglais, à la création de races anglaises et notamment à celle du Skye-terrier. En 1860, quarante Bichons maltais furent présentés dans des expositions différentes en Angleterre. A cette époque, ils furent vendus à prix d'or; leur poil était alors ondulé et leurs oreilles attachées plus haut. Leur taille était bien inférieure à celle de nos Bichons maltais actuels.

Depuis des années, les éleveurs du monde entier se sont efforcés de rendre les caractéristiques du Maltais d'origine: sa longue robe soyeuse et droite dans la longueur des poils, sa petite taille et son adorable caractère. A l'heure actuelle, les travaux effectués ont donné leurs fruits: le Bichon maltais a retrouvé sa robe d'antan et, grâce au charme de son caractère, de plus en plus nombreux sont les maîtres désireux d'acquérir ce charmant compagnon.

Vivre avec un Bichon maltais

Si les dames d'autrefois s'étaient attachées à ce charmant petit chien blanc, c'est sans aucun doute pour sa grande beauté et sa robe éclatante. En effet, comme ce long poil soyeux appelle les caresses et les câlins! Comme, spontanément, l'on a envie de prendre dans ses bras cette petite boule de poils caressante! Mais si le Bichon maltais attire l'œil, son caractère séduit le cœur...

Cette petite star a en effet plus d'un tour dans son sac et si elle ne réussit pas à charmer par son apparence, elle y arrivera sans problème grâce à son pouvoir de séduction!

Il ne faut pas en déduire trop hâtivement que ses origines de «chien de sofa» et son poil brillant et précieux lui confèrent une indolence qui est loin d'être une des caractéristiques de son tempérament. Le Bichon maltais est au contraire un chien vif et remuant qui sera enthousiasmé par une balade en votre compagnie dans la campagne ou dans la forêt, et ce pendant des kilomètres!

Bien sûr, il n'en appréciera pas moins de faire une petite sieste au retour, confortablement installé sur un coussin quand il n'élira pas domicile sur le canapé de votre salon... Car Monsieur aime son confort et, par-dessus tout, aime être là où vous serez. S'il somnole, croyez-bien qu'au moindre signe de votre départ, il va se précipiter pour vous accompagner... Très fidèle, il voue un attachement à son maître et à sa famille, attachement pouvant devenir excessif si l'on n'y prend garde et si on n'y remédie pas. Pour préserver son équilibre, il n'est pas bon de trop choyer le Maltais car il aurait tendance à devenir caractériel et nuirait à la hiérarchie qui doit s'imposer entre le maître et son compagnon. D'autre part, ce déséquilibre du «chien-trop-gâté-qui-n'en-fait-qu'à-sa-tête» pourrait se transmettre si votre compagnon est appelé à être géniteur de la race.

Il ne s'agit pas de refuser systématiquement tout contact trop doux avec lui. Au contraire, il est simplement nécessaire de lui faire comprendre que c'est vous le chef, comme pour toutes les races de chiens d'ailleurs.

Outre cette mise en garde, le Bichon maltais convient à tous, par exemple aux enfants avec lesquels il se révélera un fantastique compagnon de jeux doublé d'un tendre ami. Il ravira aussi les personnes âgées par son calme et sa douceur et séduira les amateurs de balades par son côté sportif. En fait, ce petit chien à la robe si blanche est le chien de toutes les situations!...

Le Bichon frisé

Les origines du Bichon frisé sont assez lointaines; on trouve des allusions à cette race dans des écrits antérieurs de plus de deux siècles à l'avènement du christianisme. A cette époque, il devait être assez répandu dans la région méditerranéenne, et plus particulièrement en Italie où les armées romaines en avaient certainement rapportés de leurs incursions guerrières.

Sans nul doute, le Bichon frisé est issu du Bichon maltais. Vers la fin du XVe siècle, les longues soies à peine ondulantes de l'Epagneul nain ou de l'ancêtre du Bichon maltais étaient de moins en moins frisées; la mode était aux bouclettes et aux frisures. Le Bichon reçut probablement l'apport d'une autre race afin d'éviter le fastidieux travail de faire friser le poil plat des chiens. Quelle race fut utilisée? Il n'est pas facile de répondre. Certains auteurs évoquent le Caniche mais n'est-ce pas oublier quelque peu l'ori-

Bichon frisé (photo C. Baziret)

13

gine même du mot « bichon » dans notre langue? il dérive de « barbichon », diminutif de barbet qui désignerait donc un petit chien à poil frisé. Avec le temps, bichonner signifia « friser le cheveu ou le poil » et, plus tard, « apprêter quelqu'un, soigner tendrement ». Le Bichon eut tout de suite un succès considérable. Au XVIIIe siècle, on le retrouve sur plusieurs tableaux, sur les genoux d'une gente dame. Un tableau de Fragonard (1732-1808), *le Billet doux*, le représente avec son air malicieux et son abondante fourrure blanche frisée.

Mais c'est à la Cour d'Espagne que le Bichon frisé est le plus à l'honneur; de la même façon, la Cour de France a été longtemps le lieu d'élection de l'Epagneul nain, la Cour d'Angleterre le fut de l'Epagneul king-charles et celle d'Italie du Maltais et du Bolognais.

Et c'est sans doute parce qu'il a été le favori en Espagne que le Bichon frisé a été nommé « Ténériffe » pendant longtemps. Puisque le Bichon à poil plat, revendiqué par les Italiens, venait semble-t-il de Malte, le Bichon à poil frisé devait obligatoirement être originaire d'une île espagnole. Les Espagnols décrétèrent donc qu'il venait de Ténériffe, île faisant partie de l'archipel des Canaries.

Il a été introduit en France assez tardivement puisque c'est sous le règne de François Ier et surtout sous celui d'Henri III qu'il connut la plus grande vogue. Le roi lui-même était fervent de ce petit animal tout frisé.

Durant les XVIIe et XVIIIe siècles, les Bichons frisés assistaient aux réunions des dames et des seigneurs. Il redevint réellement à la mode sous le règne de Napoléon III. Mais après avoir été un chien aristocratique, le Bichon s'est démocratisé, et devint populaire. Souvent, il courait les rues, accompagnant les joueurs d'orgues de Barbarie ou conduisant les aveugles.

Jusqu'à la guerre de 1914, il était encore en vogue, mais la période de l'Entre-deux-guerres faillit lui être fatale. Les éleveurs avaient pratiquement disparu et ce n'est que depuis la fin de la Deuxième Guerre mondiale qu'il est à nouveau très demandé.

Vivre avec lui

Son caractère et son comportement sont très semblables à celui du Bichon maltais. Avec le Caniche, le Bichon frisé est sûrement la race qui a fourni le plus de chiens dressés pour accomplir des tours difficiles ou amusants, ce qui induit forcément qu'il a une grande aptitude à comprendre ce qu'on lui demande. Très vif, il manifeste un grand attachement à son maître. Dynamique, il est quasiment infatigable lors des balades.

Par contre, il se fait câlin et doux dès qu'on le prend dans ses bras. Apprécié des femmes par son côté charmeur et cajoleur, il séduit aussi les hommes par son énergie inépuisable. Pitre à l'occasion, plein de fantaisie, il s'adapte à tout le monde et s'accommode de tous les milieux.

Le Bichon havanais

L'histoire du Bichon havanais est mieux connue de nos jours grâce à de nombreuses recherches, mais les avis sont encore très partagés. Certains pensent que le Bolognais arriva en Argentine avec les immigrants italiens et fut croisé avec des petits Caniches sud-américains. Le Bolognais serait donc l'ancêtre du Havanais.

D'autres soutiennent la thèse que les Maltais seraient à l'origine du Bolognais. Les Bichons maltais auraient, en effet, été amenés aux Caraïbes par les Espagnols dans le but de les offrir aux dames de la haute société.

Les premiers Havanais étaient connus sous le nom de «chien de soie de la Havane» expliquant ainsi la structure de son poil et son origine géographique: Cuba.

Blancheur immaculée de sa robe au soleil: le Bichon havanais; une star rustique, à la fidélité sans limites... Cyline du Fantôme Von Harlekin, M. et Mme Perrin-Motoko

Dans *L'Encyclopedia by Jones and Hamilton*, le lieu d'origine du Bichon havanais serait la côte ouest de la Méditerranée. Ce seraient les conquistadors espagnols qui l'auraient ensuite introduits à Cuba.

Pendant plusieurs siècles, le Bichon havanais a bénéficié d'une très grande popularité auprès des dames de la haute société. Durant les XVIIe et XVIIIe siècles et jusqu'au début du XIXe siècle, il était considéré comme le messager diplomatique selon les coutumes en vigueur à l'époque. Mais comme bien d'autres races très connues durant cette période de l'histoire, il est un jour tombé dans l'oubli.

Dans de nombreux musées, on peut voir des peintures célèbres de peintres, tels Titien, Goya, Murillo, Vélasquez où figuraient des petits chiens nains. Il semblerait que la plupart soient des Bichons havanais mais aucune affirmation n'est possible car à cette époque les Bichons étaient très appréciés et recherchés. Comme il n'y avait jadis aucun standard bien défini, les Bichons se ressemblaient beaucoup.

On considère à notre époque que l'origine du Bichon havanais est Cuba. Afin de donner une base solide à l'élevage du Bichon havanais, des éleveurs et des amoureux de la race se sont rassemblés en 1979 afin de fonder «The Havanase Club of America». Parmi ces éleveurs, Mme Dorothy Goodale s'est particulièrement dévouée pour sauver le Bichon havanais ainsi que d'autres races rarissimes.

Un joyeux luron

Le Bichon havanais est toujours prêt à faire plaisir et à rendre tout le monde joyeux. Extrêmement sensible à l'atmosphère de la famille, il percevra facilement si c'est la tristesse, la nervosité, la gaieté qui sont de rigueur. Il se révèle un grand ami des enfants avec lesquels il partagera non seulement les jeux, mais aussi les câlins, et, à l'occasion, sera consolateur.

Véritable acteur et irrésistible clown, il sait parfaitement comment se sortir d'une situation embarrassante pour lui grâce à sa drôlerie.

A Cuba, il était utilisé pour garder toute la basse-cour et il ne faillit jamais à sa tâche. Pour qui connaît les dispositions naturelles du Bichon havanais, son instinct développé de surveillance n'étonnera pas. Aucun visiteur ne pourra s'approcher de la maison sans être largement annoncé, mais cela ne dégénère jamais en jappements hystériques et sans fin.

Pour faire le bonheur d'un Bichon havanais, il faut un savant dosage de milliers de câlins, d'énergie et d'enthousiasme à revendre, et un doigt habile de fermeté pour qu'il ne devienne pas l'enfant gâté de la maison.

Le Petit chien Lion

Le Petit chien Lion est de race française bien qu'il ne soit que très peu connu. Et pourtant, son histoire remonte à quelques siècles...

C'est au XVe siècle qu'il faut remonter pour trouver la trace du Petit chien Lion sur des tapisseries où il était représenté toiletté en Lion avec le poil long sur la tête, les oreilles, le cou et les épaules. On le retrouve ensuite au XVIIIe siècle où toutes les dames de l'aristocratie s'entichèrent des petits chiens de manchon. Le Petit chien Lion se partagea donc les honneurs d'être représenté sur des tableaux avec les Bichons, les Caniches, et les Epagneuls nains.

Pourtant, lorsque l'on regarde ces œuvres, et en les étudiant de près, il semblerait tout de même que le Petit chien Lion ait eu quelque préférence. Ainsi, le tableau intitulé *Le chien de Mme de Pompadour* (Ecole Française, collection du Dr Méry) représente un petit chien noir et blanc qui semble plus proche du Petit chien Lion que d'autres races. De même celui de Jean-Baptiste Huet (1775), *Chien et Chat*, représente aussi un petit chien au poil visiblement soyeux qui est probablement un Petit chien Lion. On peut aussi voir un de ses probables ancêtres sur une lithographie illustrant un rendez-vous entre Joséphine de Beauharnais et Bonaparte. Goya, dans un de ses croquis, semble avoir voulu représenter un Petit chien Lion. Dans son étude sur les Bichons (*Vie Canine 81*), Mme Borgeaud croit avoir reconnu dans la pierre des sculptures de la cathédrale d'Amiens des représentations de Petit chien Lion datant du XIXe siècle. Dans son *Histoire naturelle*, Buffon va même jusqu'à le nommer «chien-lion» et le place dans sa «Table de l'Ordre des Chiens». Le célèbre naturaliste suédois, Carl Von Linné, le cite aussi dans sa liste des races de chiens.

Ainsi, le Petit chien Lion, pourtant apprécié à cette époque, ne semble pas avoir gardé cette place prépondérante. Lorsque l'on s'interroge sur les raisons de cette diminution de la popularité du Petit chien Lion, on peut peut-être en déduire qu'elle provient non pas de la race elle-même mais de la trop grande importance de son toilettage. Imité par d'autres races, le Petit chien Lion n'était plus si original... Et pourtant, il semble conjuguer diverses qualités provenant de plusieurs races dont l'essor fut nettement plus important: Bichons, Caniches...

De plus, malgré le peu de renseignements existant sur cette race, il semble que le Petit chien Lion n'ait rien à envier à d'autres petits chiens de compagnie. On retrouve de-ci, de-là, quelques informations sur son caractère, s'accordant pour dire qu'il est docile tout en restant vif, qu'il est intelligent, et qu'il est calme et joueur à la fois. Mais alors que manque-t-il au Petit chien Lion pour avoir ainsi été oublié?...

Le Bichon bolognais

On ne trouve dans les archives de la cynophilie que très peu de renseignements sur le Bichon bolognais. Appelé tour à tour, Bolonais, Bolognais,

Bichon bolognais, Bolognese et même chien Lion, il semble seulement être un proche parent du Maltais. La race s'est développée en Italie principalement, depuis la Renaissance.

Après avoir failli disparaître au cours de la première moitié du XXᵉ siècle, la race connaît une sorte de réapparition, sans pour cela être encore en vogue.

Contrairement à la caractéristique des Bichons, le Bolognais ne semble, lui, pas très vif. Mais cette apathie n'est peut-être qu'un sens de l'observation. Car c'est un chien intelligent et qui, comme les autres Bichons, voue à son maître un attachement exceptionnel.

Son poil assez long, un peu hirsute, lui donne une allure à la fois originale et rustique. Comme les autres Bichons, il est uniquement blanc.

Le standard

Le Bichon à poil frisé

Apparence générale

Petit chien gai et enjoué, d'allure vive, à museau de longueur moyenne, à
poil long tire-bouchonné très lâche,
ressemblant à la fourrure de la chèvre
de Mongolie. Le port de tête est fier et
haut, les yeux foncés sont vifs et expressifs.

Tête

Le crâne est plus long que le museau
et en harmonie par rapport au corps.

Truffe

La truffe est arrondie, bien noire, à
grain fin et luisant.

Lèvres

Les lèvres sont fines, assez sèches,
moins toutefois que chez le Schipper-
ke, ne tombant que juste ce qu'il faut

Le Bichon frisé, comme les autres d'ailleurs, n'est pas fragile. Il est très rustique

pour que la lèvre inférieure soit couverte, mais jamais lourdes ni pendantes. Elles sont normalement pigmentées de noir jusqu'aux commissures. La lèvre inférieure ne peut pas être lourde ni apparente, ni molle; elle ne laisse pas voir les muqueuses quand la gueule est fermée.

Denture

La denture est normale; c'est-à-dire que les dents incisives de la mâchoire inférieure viennent se placer immédiatement contre et derrière la pointe des dents de la mâchoire supérieure.

Museau

Le museau ne doit pas être épais, ni lourd, sans cependant être pincé; les joues sont plates et pas très musculeuses. Le stop est peu accentué et la gouttière entre les arcades sourcilières est légèrement apparente.

Crâne

Le crâne est plutôt plat au toucher bien que la garniture le fasse paraître rond.

Yeux

Les yeux sont foncés et, autant que possible, bordés de paupières foncées; ils ne sont pas placés en oblique et sont de forme plutôt ronde; ils ne sont pas en amande. Vifs et pas trop grands, ils ne laissent pas voir de blanc. L'orbite ne doit pas être saillante; ils ne sont ni gros, ni proéminents. Le globe ne doit pas ressortir de façon exagérée.

Oreilles

Les oreilles sont tombantes, bien garnies de poils finement frisés et longs, portées plutôt en avant quand l'attention est éveillée mais de façon que le bord antérieur touche au crâne et ne s'en écarte pas obliquement; la longueur du cartilage ne doit pas aller jusqu'à la truffe mais s'arrête à la moitié de la longueur du museau.

Encolure

L'encolure est assez longue, portée haut et fièrement. Elle est ronde et fine près du crâne, s'élargissant graduellement pour s'emboîter sans heurt dans les épaules. Sa longueur est approximativement un tiers de la longueur du corps, les pointes de l'épaule contre le garrot étant prises comme bases.

Epaules

L'épaule est assez oblique et non proéminente et elle donne l'apparence d'être de même longueur que le bras, environ 10 cm; celui-ci n'est pas écarté du corps et le coude n'est pas en dehors.

Pattes

Les pattes sont droites vues de face, bien d'aplomb et d'ossature fine; le paturon vu de face est court ct droit mais très légèrement oblique vu de profil. Les ongles sont de préférence noirs.

Poitrine

La poitrine est bien développée, le sternum prononcé; les fausses côtes sont arrondies sans finir brusquement car la poitrine a une grande profondeur.

Flancs

Les flancs sont bien relevés au ventre. A cet endroit, la peau est fine et non flottante, donnant ainsi une apparence assez levrettée.

Rein

Le rein est large, bien musclé et légèrement bombé. Le bassin est large, la croupe légèrement arrondie.

Cuisses

Les cuisses sont larges et bien musclées, le jarret coudé et le pied nerveux.

Queue

Normalement, la queue est portée revelée et gracieusement recourbée sans être enroulée. Elle n'est pas écourtée et ne peut rejoindre le dos. Toutefois la garniture de poils peut, quant à elle, rejoindre le dos.

Pigmentation

La pigmentation sous le poil blanc est de préférence foncée; les organes sexuels sont alors pigmentés de teinte noire, bleuâtre ou beige.

Couleur

Blanc pur uniquement.

Poil

Fin, soyeux et tire-bouchonné, le poil ressemble à celui de la fourrure de la chèvre de Mongolie. Il peut atteindre de 7 à 10 cm.

Le Bichon bolognais

Apparence générale

Mésophorme, le tronc s'inscrivant dans un carré, le Bichon bolognais est très harmonieux dans ses lignes. Très sérieux, n'ayant en apparence que peu de vivacité, le Bichon bolognais est intelligent et très attaché à ses maîtres. Par la blancheur éclatante de sa robe, il séduit pour son élégance.

Tête

Mésocéphale, la tête atteint en longueur le tiers de la hauteur au garrot; la longueur du chanfrein doit atteindre les 2/5 de la longueur totale de la tête. La largeur bizigomatique du crâne est supérieure à la moitié de la longueur totale de la tête. Les directions des axes longitudinaux supérieurs du crâne et du chanfrein sont parallèles entre elles.

Truffe

La truffe est sur la même ligne que celle du chanfrein. Vue de profil, sa face antérieure se trouve sur la verticale. Elle doit être volumineuse, humide et fraîche et son pigment absolument noir; aucune autre couleur n'est admise.

Chanfrein

Il doit être droit, c'est-à-dire rectiligne.

Lèvres et museau

Les lèvres supérieures sont peu développées en hauteur, de façon que le profil inférieur du museau soit donné par la mandibule. Les faces latérales du museau sont parallèles entre elles, la face antérieure du museau restant pourtant carrée. La région sous-orbitaire est parfaitement ciselée. Les lèvres, comme le museau, sont couverts de poils longs qui restent plus courts sur le chanfrein.

Mâchoires

Normalement développées, les mâchoires correspondent parfaitement aux arcades dentaires. Les branches de la mandibule suivent une ligne droite sur toute la longueur. Les dents sont blanches, bien alignées et complètes en développement et en nombre.

Dépression naso-frontale

La dépression naso-frontale est suffisamment marquée et les sinus frontaux sont bien développés.

Crâne

La longueur du crâne doit être supérieure à celle du chanfrein de 2/5 de la longueur totale de la tête. La largeur bizigomatique est presque égale à sa longueur. De forme, elle est très peu ovoïde avec une apophyse occipitale très peu marquée. Le crâne, sur sa partie supérieure, est plat avec une suture métopique très peu accentuée. Les parois latérales sont un peu convexes.

Œil

L'expression de l'œil est celle d'un chien vif et intelligent. Il doit être bien ouvert et légèrement plus grand que la normale. La fente palpébrale est ronde et, vu de face, l'œil ne doit pas laisser apparaître la sclérotique. La pigmentation des bords palpébraux est noire et la couleur de l'iris ocre foncée.

Oreille

Longue et tombante, l'oreille est attachée haut, légèrement au-dessus de l'arcade zygomatique. Légèrement écartée de la paroi du crâne à sa naissance, elle donne à la tête une apparence de largeur. Elle est couverte de longs poils floconneux.

Cou

La longueur du cou est presque égale à celle de la tête. La région de la gorge ne doit pas être pourvue de peau lâche.

Membres antérieurs

L'épaule doit atteindre en longueur le quart de la hauteur du garrot et doit se présenter bien dégagée dans ses mouvements. Sa position, par rapport au plan médian du corps, est un peu inclinée; pour cela les omoplates tendent à la position verticale. Le bras est presque aussi long que l'épaule et est bien soudé au corps. Son inclinaison est inférieure à celle de l'épaule.

L'avant-bras suit une ligne droite verticale et sa longueur est égale à celle de l'humérus; les coudes doivent se trouver dans un plan parallèle au plan médian du corps. Le carpe et le métacarpe, vus de face, suivent la ligne verticale de l'avant-bras. Vus de profil, les métacarpes doient être assez fléchis. L'avant-bras, le carpe et le métacarpe sont couverts de poils longs. Les ongles sont noirs, les soles dures et de couleur noire.

Corps

La longueur du corps, mesurée de la pointe de l'épaule à la pointe de la fesse, est égale à la hauteur au garrot. La poitrine est large, descendue jusqu'au niveau des coudes avec des côtes bien cerclées. La profondeur thoracique doit atteindre presque la moitié de la hauteur au garrot. Le garrot est légèrement élevé sur la ligne du dos qui est rectiligne.

Reins

Les reins doivent bien suivre la ligne du dos. Ils sont légèrement arqués et se fondent harmonieusement avec la ligne de la croupe. Le profil inférieur du ventre remonte peu vers les flancs qui doivent être presque égaux en longueur à la région lombaire. Le creux du flanc doit être peu prononcé. La croupe est large et très peu inclinée. Les deux testicules sont normalement développés et contenus dans la bourse scrotale.

Queue

La queue est insérée sur la ligne de la croupe et est portée incurvée sur le dos. Elle est fournie de poils très longs en flocons.

Membres postérieurs

La cuisse est longue, sa longueur atteint le tiers de la hauteur au garrot. Sa direction est oblique de haut en bas et d'arrière en avant et, par rapport à la verticale, elle doit être parallèle au plan médian du corps. La jambe, plus longue que la cuisse, est couverte, comme celle-ci, aussi bien sur les bords antérieurs que postérieurs, comme sur les faces, tant internes qu'externes, de longs poils en flocons qui ne doivent pas former de franges. Le métatarse présente la distance de la plante du pied jusqu'à la pointe du jarret qui doit être de 27% de la hauteur au garrot. Son angle intérieur n'est pas beaucoup serré; vue de derrière, la ligne postérieure qui, de la pointe du jarret descend à terre, doit se trouver sur la verticale et sur le prolongement de la ligne des fesses. Le métatarse doit donc se trouver en aplomb parfait. Il est couvert, comme toute la jambe, de poils longs en flocons qui ne doivent pas former de franges.

Pied

Le pied postérieur est moins ovale que l'antérieur, mais avec les mêmes qualités.

Poil

Les poils sont longs, en flocons, et n'adhèrent pas strictement aux parties du corps, c'est-à-dire qu'ils se présentent soulevés. Ils recouvrent chaque partie du corps, de la tête et des membres, en étant toutefois moins longs sur le chanfrein. La couleur de la robe est exclusivement d'un blanc pur, sans aucune tache ou nuance. Le pigment des muqueuses externes et des scléreuses doit être absolument noir.

Hauteur du garrot

Chez le mâle: de 27 à 30 cm.
Chez la femelle: de 25 à 28 cm.

Poids

De 2,5 à 4 kg.

Défauts de type de construction

Ensemble commun, poils courts et non en flocons, insuffisance de symétrie.

Tête: axes supérieurs longitudinaux convergents ou divergents.

Truffe: petite avec des traces de pigmentation aussi dans les narines.

Chanfrein: court ou trop long; convexe ou concave.

Lèvres: trop développées de façon à couvrir la mandibule.

Mâchoire: prognathisme.

Dents: non régulièrement alignées ou en nombre inférieur; érosion en sens horizontal des dents.

Crâne: petit, globulaire et non plat; sinus frontaux peu développés; crête occipitale trop prononcée. Convergence ou divergence des axes longitudinaux supérieurs cranio-faciaux.

Œil: petit ou trop proéminent; iris clair; vairon. Ogive en amande et oblique. Entropion, ectropion, strabisme. Dépigmentation palpébrale partielle ou totale.

Oreille: courte, relâchée à la base; poils pas assez longs.

Cou: massif et court.

Epaule: liée dans les mouvements; bras trop obliques ou trop droits.

Avant-bras: ossature spongieuse; coudes divergents ou convergents. Longueur insuffisante des poils.

Carpe: hypertrophie évidente des os carpiens. Longueur insuffisante des poils.

Pieds: de chat, larges et écrasés; portés en dedans ou en dehors; c'est-à-dire sans bon aplomb.

Corps: diamètre longitudinal du corps supérieur à la hauteur au garrot.

Poitrine: insuffisance de hauteur, de largeur ou de profondeur.

Côtes: non cerclées.

Dos: court; ligne dorsale pas droite; dos de carpe.

Reins: étroits ou trop longs. Ventre trop retroussé; flancs très creux.

Croupe: avalée.

Queue: non recourbée sur le dos ou pendante. Insuffisance de poils.

Organes sexuels: monorchidie ou cryptorchidie; développement incomplet d'un ou des deux testicules. Testicules qui ne sont pas descendus à leur place naturelle.

Cuisse: tenue écartée à la région du genou; insuffisance de poils. Jarret trop haut; angle du jarret trop ouvert ou trop fermé; ergots; insuffisance de poils.

Robe: poil insuffisamment épais et long et ne formant pas de flocons. Couleur autre que le blanc pur. Taches, même petites, d'une autre couleur.

Peau: fanon; traces de dépigmentation à la truffe et sur les bords palpébraux; dépigmentation de la truffe, de la vulve, de l'anus. Insuffisance de pigmentation dans les ongles et dans les soles. Dépigmentation totale des coussinets plantaires et digitaux.

Hauteur au garrot: excessive en moins ou en plus.

Allure: amble ou pas espagnol.

Le Bichon havanais

Le Bichon havanais est un chien de petite taille.

Corps

Le corps est un peu plus long que haut et présente des côtes arrondies, un flanc bien relevé et une ligne du dos se terminant par une croupe bien descendue.

Pattes

Les pattes sont droites, plutôt sèches, les pieds allongés et les doigts secs.

Queue

La queue, portée relevée et en forme de crosse, est garnie de longs poils soyeux.

Tête

La tête a le crâne large et plat et le front peu élevé.

Yeux

Les yeux sont assez grands, très foncés, noirs de préférence. Les paupières sont en amande.

Oreilles

Les oreilles sont assez pointues et tombantes et forment généralement un léger pli. Un peu soulevées, elles ne sont dirigées ni sur les côtés, ni n'encadrent les joues.

Museau

Le museau est assez effilé, les joues sont très plates et non saillantes. Les mâchoires s'adaptent bien, la truffe est noire.

Poil

Le poil est plutôt plat et assez doux et forme des mèches dont l'extrémité se termine en légère boucle.

Couleur

Rarement d'un blanc pur, la couleur de la robe est généralement beige plus ou moins foncé, havane, gris ou blanc largement marqué des couleurs précitées. Les poils du museau peuvent être légèrement taillés mais il est préférable de les laisser naturels.

Poids

Il ne doit pas dépasser 6 kg.

Le Bichon maltais

La conformation générale du Bichon maltais est celle d'un petit chien dont le corps surpasse en longueur la hauteur au garrot. Il est très élégant, la tête, le corps, les membres et la queue sont recouverts d'un poil soyeux, long et très brillant. Intelligent et de caractère très vif, il est extrêmement attaché à son maître.

Tête

Mésocéphale: sa longueur atteint les 6/11 de la hauteur au garrot; la longueur du chanfrein est de 4/11 de la longueur totale de la tête. La largeur bizygomatique du crâne ne doit pas

Uriel Ditzas Menci, Bichon maltais. Elevage du Fantôme Von Harlekin, M. et Mme Perrin-Motoko

dépasser les 3/5 de la longueur totale de la tête. La direction des axes longitudinaux supérieurs du crâne et celle du chanfrein sont parallèles entre elles.

Truffe

La truffe est sur la même ligne que le chanfrein. Vue de profil, sa face antérieure se trouve sur la verticale. Elle doit être volumineuse en rapport au volume de la tête. Humide et fraîche, elle présente des narines bien ouvertes.
Le bord déterminé par sa face antérieure avec ses faces supérieure et latérales, est arrondi. Le pigment de la truffe doit être absolument noir. Aucune autre couleur n'est admise.

Chanfrein

Il doit être droit, rectiligne. Sa largeur mesurée à moitié de sa longueur doit atteindre les 72 % de sa longueur ou les 26 % de la longueur de la tête. Le dos du chanfrein est garni de très longs poils qui se confondent avec ceux de la barbe.

Lèvres et museau

Les lèvres supérieures, vues de face, dessinent à leur bord inférieur la forme d'un demi-cercle à corde très large. Les lèvres sont peu développées en hauteur, soit de face, soit de profil.

La commissure labiale n'est donc pas visible. Les bords des lèvres inférieure et supérieure doivent être absolument noirs. Les bords des lèvres supérieures doivent bien adhérer à ceux des lèvres inférieures. La rainure médio-nasale est bien marquée. En hauteur, le museau doit atteindre 77 % de sa longueur. Les faces latérales sont parallèles entre elles, mais la face antérieure n'est pas parfaitement plate et carrée. La région sous-orbitaire est bien ciselée. Les lèvres, tout comme le museau, doivent être recouverts de très longs poils.

Mâchoires

Normalement développées et d'apparence légères, les mâchoires présentent des arcades dentaires parfaitement correspondantes. Ainsi, les incisives de la mâchoire supérieure touchent avec leur face postérieure, la face extérieure des incisives de la mandibule. Les branches de cette dernière suivent une ligne droite sur toute leur longueur. Le corps de la mandibule est normalement développé; il n'est ni proéminent, ni fuyant en arrière. Les dents sont blanches, régulièrement alignées et sont complètes dans leur développement et leur nombre.

Dépression naso-frontale

La dépression naso-frontale est bien marquée. Les sinus frontaux sont très développés en hauteur et tombent presque verticalement sur les apophyses des os nasaux et des maxilliaires supérieurs.

Crâne

La longueur du crâne doit être supérieure à celle du chanfrein de 3/11 de la longueur totale de la tête. Sa largeur bizygomatique est presque égale à sa longueur. L'apophyse occipitale est très peu marquée et pratiquement pas décelable au toucher. Le front, dans sa partie postérieure, est plat. Les sinus frontaux et les arcs des sourcils sont très élevés et déterminent une dépression naso-frontale très àccentuée. Les parois latérales du crâne sont un peu convexes.

Œil

L'expression de l'œil est celle d'un chien vif et intelligent. Il doit être bien ouvert et légèrement plus grand que la normale. La fente palpébrale est pratiquement ronde. Les paupières adhèrent bien au bulbe. Vu de face, l'œil ne doit pas laisser apercevoir la sclérotique. La couleur de l'iris est ocre foncé et la pigmentation des bords palpébraux est noire, comme celle de la truffe.

Oreille

De forme presque triangulaire et plate, l'oreille est d'une longueur un peu supérieure à 1/3 de la hauteur au garrot; chez les Maltais dont la taille au garrot est comprise entre 22 et 25 cm, l'oreille est d'environ 8 à 8,5 cm. L'insertion de l'oreille sur la tête est large et haute, c'est-à-dire bien au-dessus de l'arcade zygomatique. L'oreille adhère bien à la paroi latérale de la tête et est couverte de longs poils épais, non ondulés, qui atteignent au moins la pointe des épaules et plus de préférence.

Cou

Malgré l'abondance de poils, la ligne d'insertion du cou sur la nuque doit être bien visible et la courbure de son bord supérieur doit être bien marquée. La longueur du cou est presque égale à la moitié de la hauteur au garrot, avec un périmètre égal et même supérieur à la hauteur au garrot. La région de la gorge et le canal situé entre les mâchoires doivent être dépourvus de peau lâche. La gorge ne présente donc pas de fanon. Le port du cou doit être dressé comme si la tête était jetée en arrière.

Membres antérieurs

L'épaule doit atteindre la longueur de 1/3 de la hauteur au garrot et son inclinaison est de 60 à 65°. Pour un Maltais d'une taille de 22 cm au garrot, l'épaule doit atteindre 7,4 cm et son diamètre transversal les 36,88 %

de la hauteur au garrot. La profondeur thoracique doit atteindre les 65 % de la hauteur au garrot ou au moins la moitié de la longueur du corps et plus de préférence.

Dos

Le garrot est légèrement élevé sur la ligne du dos dont le profil est rectiligne. La longueur de celui-ci est presque de 65 % de la hauteur au garrot. Ainsi, pour un Maltais de 23 cm au garrot, le dos est d'une longueur de 15 cm.

Reins

Les reins sont parfaitement fondus avec la ligne du dos dont ils suivent le profil. Les muscles sont développés en largeur. Leur longueur atteint le 1/3 de la hauteur au garrot et est égale à leur largeur.

Ventre et flancs

Le profil inférieur du ventre remonte très peu, donnant ainsi un ventre bas. Les flancs doivent être presque égaux en longueur à la région lombaire. Le creux du flanc est très peu prononcé.

Croupe

La croupe est large puisqu'elle atteint le tiers de la hauteur au garrot. Sa longueur dépasse de presque 2 cm sa largeur pour un Maltais de 23 cm au garrot. Son inclinaison, de la hanche à l'insertion de la queue, est toujours de moins de 10° sur l'horizontale.

Organes sexuels

Les deux testicules sont parfaitement développés.

Queue

Insérée sur la ligne de la croupe, la queue est très grosse à sa naissance et très fine à son extrémité. Chez un Maltais de 23 cm la queue atteint une longueur de 14 cm. Le port correct de la queue est celui qui présente une grande courbe dont la pointe touche la croupe entre les deux hanches. La queue doit être fournie de très longs poils abondants qui tombent tous sur un seul côté du corps, c'est-à-dire sur le flanc et sur la cuisse, de façon à rappeler le saule pleureur. La longueur des poils de la queue doit atteindre le jarret.

Membres postérieurs

La cuisse est couverte de muscles fermes et son bord postérieur est convexe. Sa longueur atteint les 39 % de la hauteur au garrot. Sa direction est un peu oblique de haut en bas et d'arrière en avant et, par rapport à la verticale, doit être parallèle au plan médian du corps. Ses bords, tant antérieur que postérieur, comme ses faces interne et externe, doivent être couverts de longs poils qui, au bord postérieur, forment une frange. La jambe est de forte ossature par rapport à la grosseur de l'animal. Ses bords tant postérieur qu'antérieur, de même que ses faces interne et externe, sont garnis de longs poils qui, généralement, sont en mèches ou en touffes pour se terminer sur le bord inférieur en franges. La distance de la plante du pied à la pointe du jarret dépasse de peu le tiers de la hauteur au garrot. Son angle est de 140°. Vue de derrière, la ligne postérieure qui, de la pointe du jarret descend à terre, doit se trouver sur la verticale et sur le prolongement de la ligne des fesses. La longueur du métatarse est donnée par la hauteur du jarret. Ce dernier doit se trouver sur la verticale, c'est-à-dire en parfait aplomb, tant vu de profil que vu de derrière. Les bords antérieur et postérieur, comme les faces interne et externe, sont couverts de longs poils qui forment des mèches ou des touffes pour se terminer au bord inférieur en une frange limitée.

Pied

Le pied est rond comme celui du membre antérieur et présente les mêmes qualités.

Robe

Le poil de la robe doit être très dense, épais, luisant, brillant, lourd, abondant et très long. Sa texture doit être soyeuse. Le poil, dans toute sa longueur, doit suivre une ligne droite sans aucune déviation de son axe. La moyenne de la longueur du poil du Maltais est généralement de 22 cm; c'est-à-dire que les poils les plus longs devraient atteindre et même dépasser en longueur la mesure de la taille au garrot. La masse épaisse des poils de la robe doit tomber lourdement comme un manteau qui adhère bien au corps. Les poils sont intimement unis ensemble et ne doivent jamais présenter des touffes ou des mèches, sauf sur les membres.

Couleur de la robe

La couleur de la robe doit être d'un blanc pur, cependant la teinte ivoire pâle est admise. Les nuances orange pâle, très limitées, sont tolérées mais ne sont pas désirées car elles donnent l'impression de poils sales.

Peau

La peau est bien adhérente au corps. La tête ne doit pas présenter de rides et le cou aucun fanon. En partie ou sur tout le corps, la peau peut être pigmentée de taches; en séparant les poils, on doit pouvoir voir, surtout sur le dos, une couleur rouge-vineuse plus ou moins intense. Le pigment des muqueuses et des scléreuses doit être noir ainsi que le pigment des soles des coussinets plantaires et digitaux. Le pigment des ongles doit, lui aussi, être noir ou au moins foncé.

Hauteur au garrot

Chez le mâle: de 21 à 25 cm au garrot. Chez la femelle: de 20 à 23 cm au garrot.

Poids

De 3 à 4 kg.

Allure

Le trot du Bichon maltais consiste en courtes et très rapides battues des pieds de manière à donner l'impression que le chien roule plutôt qu'il ne marche. Son allure ne doit jamais rappeler celle du Pékinois.

Défauts de type et de construction

Ensemble commun, lourd; poil terne et grossier; insuffisance de symétrie.

Tête: présentant des axes supérieurs longitudinaux cranio-faciaux divergents ou convergents.

Truffe: plus basse que la ligne supérieure du chanfrein; débordante de la ligne verticale de la face antérieure du museau; narines insuffisamment ou-

vertes; petite; avec pigment déficient; traces de dépigmentation aussi dans les ouvertures des narines; dépigmentation totale; toutes autres couleurs que le noir.

Chanfrein (dans sa ligne supérieure): court; étroit; lignes latérales convergentes entre elles; convexe ou concave.

Museau: court ou trop long.

Lèvres: trop développées de façon à couvrir la mandibule; déficience de développement. Convergence en avant des parois latérales du museau; c'est-à-dire museau en pointe; face antérieure du museau non large. Conjonction des lèvres supérieures en V renversé. Manque ou insuffisance de ciselure à la région sous-orbitaire.

Mâchoires: prognathisme ou énognathisme. Branches de la mandibule recourbées. Dents non régulièrement alignées ou en nombre inférieur; érosion en sens horizontal des dents.

Crâne: petit, court, trop étroit. Crâne globulaire et non plat. Arcades sourcilières aplaties; sinus frontaux peu développés; crête occipitale trop prononcée. Dépression naso-frontale peu accentuée et fuyante. Convergence ou divergence des axes longitudinaux supérieurs cranio-faciaux.

Œil: petit ou trop proéminent; iris clair; vairon. Ogive en amande et

Bichon maltais. Violette, du Fantôme Von Harlekin, M. et Mme Perrin-Motoko

Ci-dessous: si le Bichon frisé est vif et enjoué, il sait aussi être très calme et passer sa journée à se prélasser au soleil. Eliane Capendu «Les Vents d'Altaï»

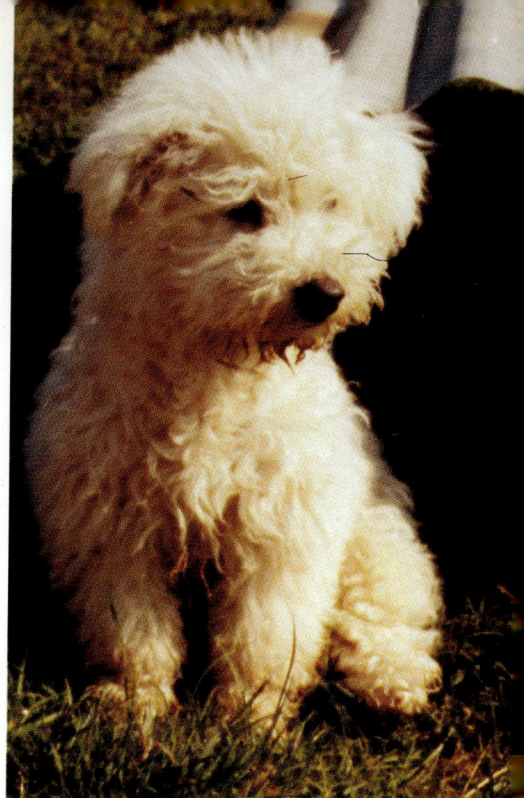

A gauche: Boudechou, Bichon frisé, s'entend parfaitement avec les enfants avec lesquels il se révèle un joyeux compagnon de jeu. Eliane Capendu «Les Vents d'Altaï»
A droite: un adorable Bichon frisé. Eliane Capendu «Les Vents d'Altaï»

La petite famille au grand complet. Bichons maltais, élevage de Nisjotlal. Josiane Kriegel

oblique. Entropion, ectropion; yeux trop rapprochés entre eux; strabisme. Dépigmentation palpébrale partielle ou totale.

Oreille: épaisse, trop courte; insertion étroite, raide parce que trop épaisse; enroulement; poils non longs.

Cou: massif et court; déficience de courbure au bord supérieur; manque de détachement de la nuque; fanon; insuffisance de longueur de poils.

Epaule: liée dans les mouvements; droite.

Bras: trop oblique ou trop droit; court.

Avant-bras: ossature spongieuse; courbure à l'extérieur du radius; avant-bras dévié de la verticale; coude divergent ou convergent. Longueur insuffisante des poils.

Carpe: spongieux; arqué ou bouleté; hypertrophie évidente des os carpiens. Longueur insuffisante des poils.

Métacarpe: dévié de l'aplomb; spongieux. Longueur insuffisante des poils.

Pied: oblong; doigt ouverts; pied large, écrasé, porté en-dedans ou en-dehors, c'est-à-dire mauvais aplomb. Mauvaise disposition des coussinets plantaires et digitaux. Insuffisance de pigment dans les ongles et dans les soles. Insuffisance de poils dans les espaces interdigitaux et sur les doigts.

Corps: diamètre longitudinal supérieur à la longueur voulue ou trop court.

Poitrail: peu prononcé.

Poitrine: insuffisante en hauteur, en profondeur ou en périmètre; étroite; franchement carénée.

Côtes: non cerclées.

Dos: court, ensellé, dos de carpe; cassure de la ligne dorsale à la deuxième vertèbre.

Reins: étroits, trop longs, arqués.

Ventre: trop ou pas assez retroussé.

Flanc: très creux.

Queue: trop longue ou trop courte. Anourisme ou brachyourisme congénitaux ou artificiels; queue attachée bas; non grosse à la racine; pas recourbée sur le dos; portée horizontale ou pendante; portée recourbée sur un côté du corps. Queue enroulée. Peu de poils ou poils insuffisamment longs.

Organes sexuels: monorchidie ou cryptorchidie.

Cuisse: tenue écartée à la région du genou; présentant une insuffisance de poils.

Jambe: peu inclinée et n'ayant pas suffisamment de poils.

Jarret: trop haut, angle du jarret trop ouvert ou trop fermé par déviation en avant du métatarse.

Métatarse: trop long; hors d'aplomb; ergot; insuffisance de poils.

Robe: poil non abondant, peu épais, terne, trop court; texture laineuse. Masse des poils soulevés, trop légers; poils en mèches et en touffes. Masse des poils n'adhérant pas suffisamment au corps. Poils frisés; bouclés; ondulés.

Couleur de la robe: autre que le blanc à l'exception de l'ivoire très pâle et des nuances oranges pâle.
Présence de taches nettes, même si elles sont très petites.

Peau: formant des rides sur la tête; fanon; traces de dépigmentation à la truffe et aux bords palpébraux; dépigmentation totale de la truffe; dépigmentation des paupières; dépigmentation de la vulve et de l'anus. Insuffisance de pigment dans les ongles et dans les soles.
Absence totale de pigmentation des soles, des coussinets plantaires et digitaux.

Hauteur au garrot: excessive en plus ou en moins.

Allure: amble (défaut très grave); allure du Pékinois.

Le Petit chien Lion

Apparence générale

Petit chien à la fois intelligent, affectueux et vif d'allure, réunissant l'ensemble des qualités d'un chien de compagnie.
Le corps est tondu à la manière classique du Caniche et la queue, tondue également, est terminée par un petit panache, donnant ainsi l'aspect d'un petit lion.

Tête

La tête est courte et le crâne assez large.

Nez

Le nez est noir et bien dans le prolongement du chanfrein.

Yeux

Les yeux sont grands, ronds et intelligents. Ils doivent être de couleur foncée.

Oreilles

Les oreilles sont pendantes, longues et bien garnies de franges.

Corps

Le corps est court et bien proportionné.

Pattes

Les pattes sont droites et fines.

Pieds

Les pieds sont petits et ronds.

Queue

La queue est de longueur moyenne et tondue mais laissant subsister à l'extrémité une touffe de poils qui forme un panache.

Poil

Le poil est assez long et ondulé mais jamais bouclé.

Couleur

Toutes les couleurs sont admises, soit unicolores soit tachetées. Cependant le blanc, le noir et le citron sont les plus recherchées.

Hauteur au garrot

De 20 à 35 cm.

Poids

De 2 à 4 kg.

Défauts de type et de construction

Tête: trop longue, crâne pas assez large.

Nez: retroussé. Ladre ou de couleur autre que le noir.

Yeux: petits et en amande; globuleux et clairs, sauvages et méchants.

Oreilles: insuffisamment longues. Peu fournies en franges ou franges absentes.

Corps: trop long, décousu, mal soudé.

Pattes: panardes ou arquées.

Pieds: écrasés, longs, ouverts.

Queue: trop longue ou trop courte.

Poil: trop court, absence d'ondulation; poil bouclé;

Les chiens non toilettés comme l'exige le standard ne seront pas jugés en exposition.

Un cousin bien proche: le Coton de Tulear

S'il ne fait pas vraiment partie de la famille des Bichons, le Coton de Tulear en est pourtant bien proche.

Petit chien, le Coton de Tulear est couvert d'un long poil cotonneux. Il a des yeux ronds, expressifs et intelligents. Un peu turbulent, il est gai et même un peu pitre et est très attaché à ses maîtres.

Taille

Taille idéale pour le mâle: 28 cm (tolérance jusqu'à 32 cm max. et 25 cm min.).
Taille idéale pour la femelle: 25 cm (tolérance jusqu'à 28 cm max. et 22 cm min.).

Poids

Mâle: de 4 à 6 kg.
Femelle: de 3,5 à 5 kg.
Les poids sont proportionnellement en rapport avec la hauteur mais ne doivent pas dépasser le maximum.

Tête

Vue de profil la tête est courte; vue de dessus, elle est triangulaire. Sa longueur est égale au 2/5 de la longueur totale du corps. Le crâne, d'une largeur d'environ 8,5 cm, présente un profil supérieur convexe. Les arcades sourcilières sont peu développées et surmontent un léger sillon frontal. La crête occipitale est peu sensible. Long d'environ 6 cm, le museau est haut d'environ 4,5 cm pour une largeur approximative de 5 cm. Le chanfrein est droit, le stop peu accentué, la mâchoire inférieure rectiligne. Petit, le nez a une truffe toujours noire. La couleur tabac foncé est admise mais non recherchée. Les narines sont bien ouvertes. Fines et tendues, les lèvres sont pigmentées de la même couleur que la truffe. Les dents sont petites et blanches, les incisives inférieures se plaçant en avant, en arrière ou au même niveau que les incisives supérieures. Les yeux, ronds, foncés et vifs sont bien écartés. Les paupières sont fines et de la même pigmentation que celle de la truffe. D'environ 6 cm de large, les oreilles sont triangulaires, tombantes et attachées haut sur le crâne. Fines au bout et légèrement cassées à la base, elles sont recouvertes de poils blancs ou d'une des trois autres couleurs autorisées:
— taches jaunes plus ou moins foncées;
— mélange de poils jaunes et noirs;
— quelques poils noirs donnant l'impression d'une tache gris clair.

L'encolure présente un profil droit et légèrement incurvé au sommet. D'une longueur de 8 cm, elle est bombée et musclée et d'une largeur de 7 cm. La peau qui la recouvre est bien tendue.

Corps

La ligne de dessus du corps est, dans son ensemble, très légèrement convexe. Le garrot est peu accentué et l'attache de l'encolure forte. Le dos, très légèrement voûté, est bien musclé. Les flancs sont ronds et moins larges que la poitrine; le ventre est très peu levretté.

Queue

Attachée bas, la queue est d'environ 18 cm de long. Grosse à la naissance, elle s'amenuise jusqu'à être fine à son extrémité. Lorsqu'elle est au repos, elle descend au-dessous du jarret avec l'extrémité relevée.

Membres antérieurs

Les aplombs sont verticaux de face et de profil. L'épaule, d'environ 10 cm, est oblique et musclée. Le bras, d'environ 9 cm, est oblique d'avant en arrière. D'environ 10 cm, l'avant-bras est vertical et d'une ossature puissante. Les pieds, d'environ 3 cm, sont de forme ronde et petits. Les doigts sont serrés, bien formés et les coussinets bien centrés et pigmentés.

Membres postérieurs

Les aplombs sont verticaux vus de derrière et de profil.

Allure

Le pas est normal, le trot raccourci. L'allure préférée du Coton de Tulear est le trot.

Poil

Le poil est fin, d'environ 8 cm de long et légèrement ondulé. Sa texture est semblable à celle du coton.

Peau

La peau est fine et adhère bien à chaque partie du corps. Elle peut être pigmentée de taches grises plus ou moins foncées.

Couleur

La couleur obligatoire est le blanc mais quelques taches jaunes ou grises sur les oreilles sont admises.

Défauts à pénaliser suivant la gravité

Défauts graves

Museau: trop petit ou trop gros.

Crâne: plat ou trop bombé.

Stop: trop accusé ou inexistant.

Chanfrein: busqué.

Dents: non régulièrement alignées; dents carrées; prognathisme important.

Yeux: clairs, trop rapprochés; entropion et ectropion proéminents.

Oreilles: trop courtes; attache étroite ou trop épaisse; oreilles droites; insuffisance de leur longueur de poil.

Dos: ensellé, trop long.

Croupe: horizontale, étroite.

Poitrine: mal développée.

Cou: trop court ou trop long.

Queue: trop longue, trop courte ou enroulée, cylindrique, pas assez fournie de poils.

Epaule: droite.

Aplombs: serrés ou décollés; trop ouverts ou jarrets clos; mauvaise angulation.

Cuisses: insuffisamment musclées. Insuffisance du poil qui les recouvre.

Peau: plissée, épaisse.

Poil: trop court, trop long, bouclé; texture soyeuse.

Défauts éliminatoires

Truffe: présentant des taches de ladre.

Queue: fouet enroulé ou en chandelle. Anourie.

Cou: trop long.

Lèvres: lourdes et pendantes.

Paupières: blanches, insuffisamment pigmentées.

Hauteur et poids: dépassant le maximum.

Robe: fortement tachée de marron ou d'un noir franc.

Organes sexuels: les mâles doivent avoir deux testicules d'apparence normale et complètement descendus dans le scrotum.

En route pour la maison

Votre Bichon est bien installé dans vos bras, il commence déjà à somnoler, vous êtes sur le pas de la porte de la maison de l'éleveur. Après avoir écouté tous ses sages conseils, vous prenez congé. Ne vous précipitez pas aussitôt dans votre voiture pour emmener au plus vite votre protégé. Au contraire, allez donc faire faire un petit tour à votre chiot en laisse aux alentours de la demeure de l'éleveur. Tout d'abord cela lui permettra de s'habituer à vous, à votre odeur, à votre voix et ce dans son environnement familier avec les bruits, les odeurs qu'il connaît. Ces précautions ne sont pas inutiles, la transition doit se faire le plus doucement possible et puis, cette petite balade permettra au chiot de faire ses besoins avant le trajet...

Une fois ces précautions prises, il va falloir que vous trouviez la place idéale dans votre voiture pour son premier voyage automobile. Bien sûr, on entend toujours des conseils du style: «Ne lui donnez pas de mauvaises habitudes dès le départ!» Il est vrai que le chien est un animal à habitudes et que son éducation doit démarrer le plus tôt possible, mais là justement c'est le cas d'exception. Ce premier trajet en voiture, c'est aussi sa première séparation d'avec sa mère, ses frères, sa maison; croyez-vous alors qu'il est de bon ton de commencer à sévir, d'élever la voix s'il veut monter sur le siège, de le remettre brutalement à sa place «pour qu'il comprenne!»?

Tout petit déjà (deux mois et demi), ce chiot maltais a le regard attentif et éveillé qui caractérise la race. Elevage du Fantôme Von Harlekin, M. et Mme Perrin-Motoko

Profitez plutôt de ce voyage pour faire connaissance, pour l'apprivoiser, le câliner, lui parler doucement comme à un bébé. Et placez-le justement sur le siège avant de votre voiture, sur un coussin ou sur une couverture et de façon qu'il puisse voir la route. Ainsi ses yeux seront occupés à découvrir ce nouveau monde en douceur. Pour parfaire ce tableau, essayez de conduire en souplesse, vous ferez des essais de vitesse une autre fois car si votre Bichon a un mauvais souvenir de son premier parcours automobile, sachez bien que vous aurez peut-être beaucoup de mal par la suite à lui faire accepter la voiture.

En toutes choses, avec un chiot, il faut agir avec prudence car c'est le moment où tout s'imprègne en sa mémoire, telle une carte magnétique qui stockerait des données et les sauvegarderait pour pouvoir s'en servir par la suite. Alors usez de modération avec votre bébé Bichon et réfléchissez bien avant d'agir, aux conséquences qu'un de vos actes pourrait avoir...

Bienvenue, petit Bichon

A la naissance, le chiot est tout à fait incapable de se tenir sur ses pattes. Il ne voit presque pas et n'entend que fort peu. Par contre, il réagit à plusieurs stimulations. Par exemple, si l'on masse doucement sa région génitale, cela provoquera la défécation. C'est pourquoi, d'ailleurs, la mère lèche soigneusement ses petits afin qu'ils ne salissent pas le nid familial. Un deuxième exemple: si vous séparez un chiot de ses frères et sœurs, et que vous lui caressez doucement la tête, il se déplacera vers l'avant en cherchant à nouveau le contact de votre main. Ce réflexe disparaîtra ensuite car ses yeux et ses oreilles sauront le guider.

Le chiot commence à ouvrir ses yeux vers le quatorzième jour environ, mais la rétine ne sera réellement formée que vers la quatrième semaine. Au cours de la troisième semaine, il réagira au bruit. Vers la quatrième semaine, il commencera à reconnaître les autres chiots de la portée et essayera de communiquer avec eux, à sa façon bien sûr. Les chiots vont commencer alors à remuer la queue en signe de contentement, à gronder et à aboyer. Se mordillant entre eux les pattes et les oreilles, ils vont faire des culbutes en vacillant: ils simulent déjà des combats. Si l'un d'entre eux mord trop fort, le malheureux chiot mordu hurle, car la sensation de douleur existe désormais alors qu'auparavant elle était inexistante.

Cette période est déterminante dans la vie du chiot car elle est critique pour son développement psychologique.

A partir du 21e jour et jusqu'au 35e jour (et parfois jusqu'au 50e jour), il montrera de l'intérêt pour tout ce qui l'entoure. C'est durant cette période que les relations avec l'homme commenceront à s'établir. Ainsi, si l'on devait séparer très tôt un petit de la portée, vers 14 jours par exemple, il risquerait de ne pas se conduire normalement. Ne connaissant rien aux relations qui interviennent normalement avec les autres chiots de la portée, il pourrait devenir anormalement agressif envers ses congénères. La seconde étape critique de la vie du chiot démarre entre le 42e et le 49e jour. C'est à ce moment qu'il doit s'adapter au monde qui l'environne. Si durant cette période, il est constamment dans un endroit fermé, qu'il ne voit rien ni personne, il deviendra timide et craintif. Le moment où l'éleveur vend habituellement ses chiots est donc le moment propice pour le chiot, pour son apprentissage de la vie.

Vous voilà arrivé chez vous et tout le monde vous attend avec impatience! «Vous», à vrai dire, c'est plutôt la petite boule de poils qui sommeille à vos côtés que vos enfants, votre conjoint attendent depuis un moment déjà... Ne réveillez pas brutalement votre chiot, parlez-lui doucement en le caressant. Lorsqu'il ouvrira les yeux, il ne saura pas trop où il en est et si sa première vision est celle de votre visage attendri, il ne peut que craquer à vos avances. Si vous avez de jeunes enfants, dites-leur bien qu'ils ne doivent pas se précipiter sur cette charmante boule de poils hésitante mais qu'ils le laissent d'abord reconnaître les lieux de sa nouvelle vie. De préférence, à la sortie de la voiture, laissez-le tout d'abord gambader dans votre jardin si vous en avez un.

Il pourra ainsi uriner et l'odeur qu'il laissera favorisera son apprentissage à la propreté. Une fois qu'il aura fait le tour du jardin, donc de sa nouvelle propriété, vous allez pouvoir le laisser rentrer dans la maison. Il va fureter partout, renifler le moindre coin et recoin. Laissez-le explorer son nouveau domaine et, pendant ce temps, préparez-lui un bol d'eau fraîche et de quoi se nourrir si l'heure correspond à celle de son repas habituel. Pour ce faire, placez écuelle et gamelle dans une pièce carrelée, de préférence la cuisine.

Toutes ces émotions, ces bouleversements ont dû fatiguer votre chiot et il va probablement se trouver un coin pour dormir. Laissez-le choisir l'endroit qui lui convient, sans bien sûr condamner le superbe tapis persan que vous venez d'acheter à un prix fou! Qu'il choisisse oui, mais dans les limites que vous lui fixerez. La cuisine ou une entrée carrelée, mais sans courant d'air surtout, semblent être les endroits les plus propices. Bien sûr, si vous le désirez, votre petit Bichon peut dormir sur le fauteuil, sur le canapé, sur la couette ou même sur votre lit; seulement le jour où vous déciderez de lui faire passer cette habitude, vous aurez du fil à retordre pour qu'il veuille bien comprendre que c'est fini... Alors faites-lui prendre dès son arrivée de bonnes habitudes. Vous ne le regretterez pas.

Eviter les catastrophes...

Maintenant vous allez devoir entamer l'éducation de votre petit Bichon...

Bien sûr, il n'est pas très facile de savoir par où commencer. La petite boule de poils qui ravit déjà toute la famille, court en tous sens (ça bouge à cet âge-là!), fait pipi un peu partout, là où il se trouve (ce n'est pas de sa faute, il est si jeune!), dévore à l'occasion quelque chaussure oubliée (il a mal aux dents, le pauvre, et il faut bien qu'il s'amuse!), bref il ne semble pas prêt à recevoir quelque éducation que ce soit... Si déjà vous commencez à l'excuser en toutes circonstances, il y a de fortes chances que son éducation démarre très mal. Votre bébé Bichon n'a, c'est sûr, aucune conscience s'il fait mal ou pas. Comment voulez-vous qu'il comprenne ce que vous désirez. La première chose à faire est de lui apprendre qu'en certaines circonstances, vous êtes très content de lui et qu'en d'autres, vous êtes très fâché. Comment? C'est tout simple, il suffit de le «bousculer» un peu lorsque, par exemple, il fait pipi dans la maison. Bousculer, bien entendu, ne veut pas dire le frapper ni lui mettre la truffe dans l'urine comme le préconisent certains; cette «recette-miracle» ne peut avoir que pour effet de terroriser votre Bichon devant la moindre flaque d'eau. Non, il faut simplement le secouer un peu en le portant aussitôt dans le jardin, là où il pourra retrouver l'odeur qu'il a pu y laisser et qui favorisera sa miction. S'il veut bien condescendre à uriner dehors, complimentez-le joyeusement comme s'il avait réussi un exploit formidable. Si votre chiot ne perçoit pas que vous

êtes ravi, pourquoi voulez-vous qu'il s'astreigne à se déplacer pour faire pipi s'il n'est pas récompensé. Et puis, la «punition» n'étonnera pas votre chiot outre mesure car il en a l'habitude, sa mère n'agissait pas autrement lorsqu'elle voulait sévir.

Pour obtenir la propreté d'un chiot, certaines personnes préconisent de le porter sur un journal posé sur un sol carrelé; évidemment cette méthode a le mérite d'éviter de sortir, mais le jour où vous voudrez qu'il passe au stade «pipi dans le jardin», vous aurez beaucoup plus de mal à le lui faire comprendre.

Alors pourquoi compliquer puisqu'il est plus rapide d'employer la bonne technique dès le départ...

Une entente cordiale

Moins vous laisserez de heurts et de tensions s'installer entre vous et votre chiot et plus l'éducation que vous voulez lui donner sera aisée. Le principal, au tout début de son arrivée dans la maison, est de créer un climat de confiance. Votre chiot ne doit pas avoir l'impression d'être en territoire ennemi. Tout au contraire, il doit se sentir en sécurité, vous devez en fait être sa deuxième maman! «Etre sa maman» ne signifie aucunement lui céder tous ses caprices, car comme un enfant, le chiot doit pouvoir trouver les limites qu'il ne doit pas dépasser. Si ce n'est pas le cas, vous risquez fort de regretter rapidement d'avoir voulu acquérir un chiot, qu'il soit Bichon ou de toute autre race.

Le chien répond à deux moteurs: le plaisir et le déplaisir. S'il fait quelque chose, c'est pour en retirer un bénéfice, une satisfaction. Et quand vous voyez un chien qui obéit parfaitement, vous pouvez vous dire que vous avez devant les yeux un excellent maître qui n'a pas besoin de hurler pour se faire entendre et écouter. Mais vous aussi, vous pouvez être ce maître idéal; il ne vous faudra pas de connaissances particulières, de dons magiques, simplement faire preuve de beaucoup de patience, de persévérance, de logique, de bon sens et d'affection pour votre petit Bichon.

Un apprentissage tout en douceur

Votre chiot est un petit être encore tout malléable, qui n'a subi que peu d'empreintes positives ou négatives, si ce n'est celles que sa mère a apposées sur lui durant les deux premiers mois de sa vie.

Selon l'éleveur chez qui vous aurez été le chercher, il aura peut-être déjà eu des expériences de socialisation qui, théoriquement, lui auront été bénéfiques. En tout état de cause, c'est à vous qu'incombe maintenant la lourde responsabilité de bien éduquer votre bébé chien.

Pour cela, il faut que vous reteniez et appliquiez en toutes circonstances la règle indispensable: évitez de punir mais n'oubliez jamais de récompenser la bonne réponse à votre ordre. Ce n'est pas en effet en punissant à tour de bras que vous obtiendrez le chien de vos rêves. Au contraire, vous ne ferez que renforcer l'indépendance de votre Bichon envers vous. Pourquoi serait-il prêt à vous écouter puisque, si vous ne manquez pas de le sermonner à la moindre de ses incartades, vous oubliez à tous les coups de le féliciter s'il correspond à ce que vous attendez de lui.

Plus vous le féliciterez, plus il fera ce que vous voulez pour être récompensé. Ah, bien sûr, cela paraît trop simple pour être vrai, penserez-vous. Si cela était vrai, il n'y aurait plus depuis bien longtemps de chiens destructeurs, agressifs, voire méchants. Et pourtant, «ça marche!...» Seule la tendresse peut ouvrir les portes de la bonne éducation. Bien sûr, il faut nuancer. Il ne s'agit, en aucune façon, de tout céder à votre petit Bichon et de le féliciter lorsqu'il monte sur la table et dévore le poulet qui devait régaler vos invités.

Il s'agit simplement d'éviter le plus possible les cris et les tensions qui risqueraient d'altérer les bons rapports que vous entretenez avec votre Bichon.

Par où commencer

Après avoir créé un climat de paix, de tranquillité et de confiance tout autour de votre chiot durant les premiers jours de son arrivée chez vous, il va falloir que vous songiez sérieusement à lui inculquer quelques principes de bonne éducation. Il ne s'agit pas, bien sûr, de vouloir en faire un modèle d'obéissance en quelques jours mais simplement le mettre sur la bonne voie, éviter au maximum que ne s'ancrent de mauvaises habitudes. Pour cela, il convient d'utiliser le plus d'intonations possibles lorsque vous lui parlez. Il y a les paroles pour les câlins, la voix pour donner un ordre, un ton incisif lorsque vous lui dites «Non!». Mais en aucun cas, vous ne vous ferez obéir en hurlant. Il n'est pas inutile de le répéter car naturellement nous élevons rapidement la voix lorsque nous sommes en colère! Alors de façon intransigeante, imposez-vous comme son chef, en ne lui laissant surtout rien passer, vous serez rapidement remercié de votre persévérance.

La laisse et le collier

Ne serait-ce que pour respecter le règlement en certains lieux et lorsqu'il y

Attentif et éveillé, toujours à l'écoute de son maître, le Bichon maltais comprend tout ce qui se passe. Elevage de Nisjotlal. Josiane Kriegel

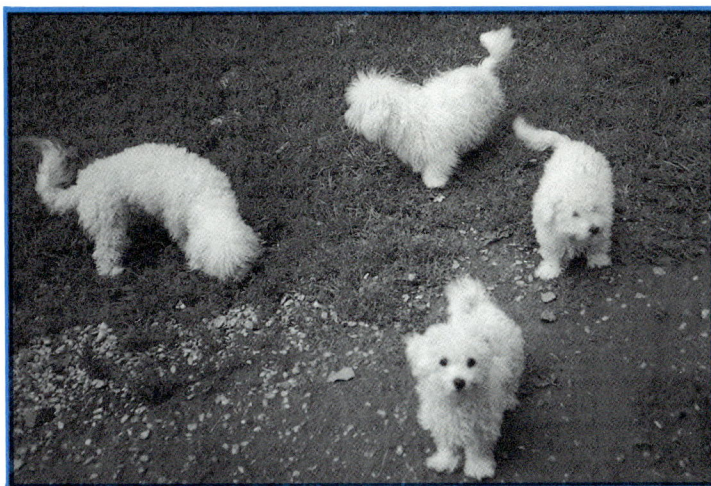

Six mois déjà! Les Bichons frisés sont à l'écoute du monde. Au premier plan, Agathe, appartenant à M. Marc Metral. Elevage du Fantôme Von Harlekin, M. et Mme Perrin-Motoko

a un danger pour lui, il faut que vous appreniez à votre bébé Bichon le port de la laisse et du collier. Selon vos goûts bien sûr, mais aussi en choisissant la qualité plutôt que l'esthétique, vous vous procurerez un collier dans une matière lavable mais évitez le cuir car cette matière s'encrasse rapidement; à moins que vous ne consacriez une certaine somme pour le lui changer souvent.

Pour ce qui est de la laisse, évitez pour l'instant d'avoir recours aux ficelles sur enrouleur. Utilisez simplement une laisse en matière lavable, en tissu ou une simple corde sans boucle pour la tenir. Le dernier accessoire que vous devez acquérir est la longe. Et oui! Mais pourquoi utiliser une longe de trois à dix mètres pour un si petit bout de chien qu'une «simple ficelle» tiendrait?… Et bien vous allez très vite comprendre que votre petit bout de chiot, qu'il soit un Bichon ou un gigantesque Dogue allemand, va tout essayer pour n'en faire qu'à sa tête.

Son apprentissage doit être commencé au plut tôt et sa petite taille ne l'en dispense pas. Pourquoi croyez-vous que l'idée du petit chien forcément hargneux, bruyant, aboyeur, capricieux s'impose parfois? Tout simplement parce que très souvent, les maîtres de ces petits chiens, persuadés qu'ils ne seront en aucun cas dangereux, les laissent faire tout ce qu'ils veulent. Et tel un enfant à qui rien n'est interdit, ils deviennent rapidement insupportables.

Votre petite boule de poils, vous voudrez l'emmener partout avec vous plus tard, lorsqu'il sera adulte. Alors faites au plus tôt ce qui est nécessaire et adoptez très vite les bonnes réactions pour lui imposer les bonnes habitudes. Vous connaîtrez un grand plaisir lorsque vous verrez votre entourage, surpris de la sagesse du «petit chien»…

Votre matériel d'éducation se compose donc d'un collier léger, d'une laisse et d'une longe de trois à dix mètres.

Habituez-le déjà au port du collier en le lui mettant durant des instants de plus en plus longs. Même s'il se gratte au début, surpris de ce lien autour de son cou, il s'y adaptera rapidement.

Apprendre à marcher

Bien sûr, votre petit Bichon connaît déjà bien son nom puisque vous l'utilisez le plus souvent possible dès que vous lui parlez. Vous lui donnez à manger? Vous l'appelez par son nom. Vous partez faire un petit tour dans le jardin? Vous l'appelez par son nom pour qu'il vous accompagne. Son nom est tout simplement le code qu'il reconnaît lorsque vous voulez établir la communication avec lui.

Lorsque votre petit Bichon se sera bien accommodé à son collier, vous pouvez attaquer la deuxième phase. Il s'agit tout simplement de lui apprendre à revenir lorsque vous l'appelez. Vous accrochez donc votre longe à l'anneau de son collier et vous la laissez traîner par terre. Puis vous l'appelez doucement par son nom: «Filou, viens mon chien...» en vous accroupissant pour être à son niveau. S'il vient sans hésitations vers vous, félicitez-le chaleureusement: «C'est bien, mon chien; c'est bien ; oui, c'est un gentil chien». Vous allez peut-être penser que répéter cela ainsi tient un peu du gâtisme... Et bien, pas du tout. Il faut que votre chiot comprenne que vous êtes vraiment très content qu'il soit venu à votre appel.

Bichon maltais. Lui apprendre la laisse est essentiel! Elevage du Fantôme Von Harlekin, M. et Mme Perrin-Motoko

Par contre, si lorsque vous l'appelez, il vous regarde d'un œil distrait puis continue à flâner, c'est là que la longe intervient. Il faut que vous le contraigniez à revenir et donc à vous obéir. A l'aide de la longe, vous l'obligez à revenir en lui disant: «C'est bien, oui c'est bien». Une fois près de vous vous continuez à le féliciter. Puis vous le laissez aller jouer en lui mettant une tape amicale sur les fesses en disant: «Allez, va jouer». Cette dernière phrase doit devenir pour lui la phrase qui termine ce que vous lui demandez. Tentez à nouveau l'expérience du rappel. S'il ne revient toujours pas, recommencez à nouveau à vous servir de la longe pour le ramener sans brutalité surtout à vos pieds en le félicitant encore. Il doit absolument associer ces deux éléments: «Lorsque j'obéis, mon maître est content et il me caresse». Au besoin, vous pouvez le récompenser au départ par un morceau de gruyère ou une autre friandise. Faites attention qu'il ne réagisse qu'en fonction de la récompense et ne vous obéisse plus dès qu'il voit que vous ne lui donnez rien. Si cela devenait le cas, vous détruiriez vite le schéma d'éducation que vous aviez commencé à installer dans sa tête.

Marcher à vos côtés

Lorsque votre chiot obéira à votre appel sans que vous soyez obligé de vous servir de la longe, vous pourrez commencer à lui enseigner à marcher à vos côtés. On ne peut pas vraiment parler de «marche au pied» lorsqu'il s'agit d'un Bichon, car ce qui est valable pour une grande race est plus difficile pour une petite. En effet, la réelle «marche au pied» consiste à ce que le chien suive pas à pas son maître en collant sa tête sur le genou gauche de son maître. Il est facile de comprendre que cela est impossible, techniquement parlant, pour un Bichon. Il suffit donc simplement d'enseigner à votre petit Bichon qu'il doit se tenir près de vous et vous suive pas à pas.

Mettez-lui donc sa laisse et allez vous promener.

Si votre compagnon commence à tirer comme un tracteur, donnez une se-cousse sur la laisse et aussitôt, détendez-la. S'il tire à nouveau recommencez.

Répétez cette opération jusqu'à ce qu'il comprenne qu'il est plus agréable pour lui de ne pas être secoué, donc de ne pas tirer.

Pour qu'il reste à vos côtés, il suffit d'agir de la même façon: «Filou, ici» ou «Filou, au pied». S'il ne vient pas là où vous le désirez, vous l'y contraignez par l'intermédiaire de la laisse et vous le félicitez. Et encore une fois, vous recommencez jusqu'à ce qu'il comprenne ce que vous attendez de lui.

«Assis! C'est bien...»

Apprendre à son chien à s'asseoir n'a rien de ridicule même pour un Bichon. Vous verrez comme il est agréable de voir son petit compagnon attendre sagement la nourriture que vous lui préparez sans pousser des cris d'impatience et s'agiter dans tous les sens...

Pour lui apprendre cette position, il vous suffit de lui dire «Assis!» en appuyant son arrière-train d'une main tandis que l'autre le maintient devant pour qu'il ne s'évade pas. Lorsqu'il est dans la position souhaitée, récompensez-le de la voix: «Oh oui, c'est bien, oui il est beau; c'est bien», et au besoin en le récompensant au départ par quelque friandise qu'il affectionne particulièrement. Vous verrez que très vite, il va comprendre que généralement le mot clé «Assis!» correspond à quelque chose d'agréable qui va se passer s'il se plie à votre volonté.

Couché... Pas bouger!

De même que pour le faire asseoir, il faut que vous montriez à votre Bichon la position que vous voulez qu'il adopte tout en lui en donnant l'ordre. Même schéma, mêmes récompenses et tout se passera très bien. Par contre, il vous faudra un peu plus de patience pour lui apprendre à ne pas quitter la position que vous lui avez demandée. S'il change de position, allez vers lui en disant «Non, non, non, non, non...» et en le replaçant dans la position initiale. Une fois de plus recommencez, félicitez, recommencez, félicitez et ainsi de suite jusqu'à ce que votre petit Bichon obéisse parfaitement bien à tous vos commandements.

Ne croyez surtout pas que tous ces détails de l'obéissance soient superflus. Tout au contraire!... Lorsqu'il aura acquis de façon permanente cette obéissance de base, vous pourrez faire ce que vous voulez avec votre petit compagnon. Il sera parfaitement à votre écoute et ne vous posera jamais de problèmes. Bien sûr, il n'est pas question de faire des concours d'obéissance avec lui (et encore, pourquoi pas, après tout!), mais tout simplement de faire en sorte que votre vie commune se déroule le plus harmo-nieusement possible et avec une étonnante complicité que nombre de maîtres vous envieront.

Lorsque vous êtes allé chercher votre Bichon chez l'éleveur, c'était dans le but d'avoir un petit compagnon charmant, drôle et fidèle et non pas un affreux petit monstre qui dévore tout sur son passage, écoute quand il en a le temps et se sauve à la moindre occasion sans que vous ayez la possibilité de le faire revenir.

Vous avez la chance d'avoir un petit être près de vous, encore tout malléable, qui ne demande qu'à vous aimer, qu'à vous obéir, qu'à vous faire plaisir. Ne ratez pas votre chance; il est tellement plus facile d'apprendre doucement à un chiot une éducation de base, plutôt que d'être obligé de reprendre les défauts d'un petit monstre dévastateur. Car la plupart du temps, il est bien difficile de faire face, tout seul, à des problèmes comportementaux d'un adulte, alors qu'avec un chiot, un peu de bon sens, de patience et de tendresse suffisent...

Jeux et sorties

Que vous habitiez en ville, en appartement ou en pavillon, ou en pleine campagne, vous avez choisi le Bichon car il correspond à ce que vous attendez d'un compagnon. Il vous a séduit pour sa petite taille, pour son look, sûrement pour son caractère si attachant... Il ne semble pas inutile, cependant, de préciser que même si votre Bichon est de petite taille, il a besoin d'exercice. Nombre de maîtres, oubliant que le besoin d'exercice n'est pas proportionnel à la taille, cloîtrent littéralement leur petit chien dans leur maison, ne leur accordant qu'une mini-balade «hygiénique»... Le reste du temps, le pauvre animal s'ennuie, passant le plus souvent son temps du fauteuil au panier, du panier au lit, du lit aux genoux du maître...

Parfois, pourtant, le maître joue avec lui en lui lançant quelque balle ou quelque jouet... Oh, mais pas longtemps, juste le temps de commencer à s'intéresser au jeu. Puis revoilà la même occupation, le panier, le lit, les genoux... entrecoupés par les repas et la petite balade qui laisse tout juste le temps d'échauffer les muscles de ses petites pattes qui ne demandent qu'à courir!...

Arrière à tous ces préjugés qui condamnent les chiens de petite taille à une «petite» balade!

Tout d'abord, votre Bichon, lorsqu'il n'est encore que chiot, a besoin de se sociabiliser, de connaître tout ce qu'il pourra rencontrer lorsqu'il sera adulte. Et quel meilleur moyen d'aborder l'inconnu que la promenade avec son maître, présence bienveillante en cas de danger ou de peur! Il faut absolument que votre chiot sorte souvent, voit d'autres chiens, d'autres personnes, se familiarise avec le bruit des voitures, avec l'agitation des rues, puisse jouer avec ses congénères. Si vous le calfeutrez des mois durant chez vous, sans sortie aucune, vous le

prédisposez à coup sûr, à devenir soit agressif, soit craintif.

Une formidable complicité dans le jeu

Il n'est pas question, en parlant de sorties, de ramener votre Bichon après un jogging intensif de 109 km, complètement épuisé, incapable de mettre une patte devant l'autre...

Non, l'important, l'avantage surtout de ces moments-là est que vous êtes avec lui, que vous vous occupez vraiment de lui. Vous jouez avec lui et c'est ce qu'il attend de vous.

Emmenez sa balle ou son jouet favori et lorsque vous pourrez lâcher sans crainte votre Bichon, lancez-lui l'objet; il ne demande que cela. Pour peu que, progressivement, vous lui appreniez à vous le rapporter et ce seront de longues parties endiablées que vous ferez tous les deux. En plus du bénéfice de l'exercice, vous verrez que votre complicité en sera renforcée. Et puis, c'est une formidable occasion de tester son obéissance et de parfaire son éducation. Vous pourrez tout lui apprendre si vous jouez avec lui. Pour lui, le jeu est une récompense, peut-être même plus intense que la friandise que vous croyez devoir lui donner. Plus vous jouerez avec votre compagnon, plus il attendra vos signaux; mieux il vous comprendra et moins les tensions et énervements risqueront de survenir. En lui apprenant le jeu, vous lui apprenez l'obéissance et le bonheur. Car que réclame un chien à son

Pour peu qu'on lui en donne le droit, le Bichon frisé appréciera beaucoup le confort des fauteuils de la maison!.... Eliane Capendu «Les Vents d'Altaï»

maître, à part le logis et la nourriture? Sa présence, uniquement sa présence. Alors lorsque vous le pouvez, réservez-lui un peu de votre temps, son équilibre sera meilleur ainsi que le vôtre d'ailleurs...

La présence pour lui apprendre l'absence

Bien sûr, votre Bichon ne pourra pas toujours vous accompagner. Parfois, il devra rester seul, à moins que vous n'ayiez la chance de pouvoir l'emmener lorsque vous travaillez, mais c'est tout de même encore rare.

De toute façon, que votre Bichon vous accompagne partout ou non, il est indispensable que vous lui appreniez à rester seul. Vous ne savez absolument pas, si pour une raison ou pour une autre, vous ne serez pas obligé de le laisser à la maison...

Avant de le laisser seul chez vous pendant une journée entière, il faut que vous lui appreniez progressivement à rester seul de courts moments. Seul, ne veut pas dire au début que vous êtes réellement parti. Il peut s'agir tout simplement de le laisser dans une pièce alors que vous êtes la première fois dans le couloir, ensuite dans une autre pièce, puis à l'étage et enfin dans le jardin. Votre Bichon doit comprendre progressivement que lorsque vous lui dites: «Couché, pas bouger», cela veut dire aussi «Je reviens, tu m'attends sans faire de bêtises...»

Qu'ils soient frisés, havanais, maltais ou bolognais, les Bichons ne craignent ni le froid ni la neige. Très rustiques, ils aiment vivre à l'extérieur. Elevage du Fantôme Von Harlekin, M. et Mme Perrin-Motoko

Soyez patient lorsque vous commencerez cet apprentissage (qu'il vaut mieux entamer lorsqu'il est chiot) car tout naturellement votre Bichon a envie de vous suivre, de rester avec vous, curieux de ce que vous faites.

Dès que vous lui avez dit: «Couché, pas bouger» et que vous commencez à partir, surveillez-le d'un œil. S'il ébauche le geste de se lever pour vous suivre, retournez-vous et, en lui disant: «Non, non, non, non, couché...», remettez-le à sa place. Vous devrez, bien sûr, recommencer l'opération plusieurs fois mais, avec beaucoup de patience et de persévérance, vous obtiendrez ce que vous désirez.

Lorsque votre compagnon se plie à votre désir et qu'il est resté bien sage à sa place, allez le féliciter, afin qu'il comprenne que si vous le privez de votre présence, ce n'est en aucun cas pour le punir. Il saura ainsi qu'à votre retour, c'est une fête. Ne lésinez pas sur les: «Oui, c'est bien, tu es un beau chien, c'est bien...» Même s'il ne comprend pas tout le sens des mots que vous lui dites, il comprend, par contre, par l'intonation de votre voix, que vous êtes très content de lui. Vous êtes tout simplement en train de lui apprendre la solitude par la récompense du retour. Lorsqu'il aura bien acquis cette notion, pourquoi aurait-il envie d'aboyer, de gratter, puisque vous lui aurez appris que s'il bouge, vous êtes fâché et que s'il vous obéit et reste calme, vous serez ravi.

Cela paraît, bien sûr, trop facile à dire pour que cela se passe réellement

Castille et Boudechou (Bichons frisés). Les petits «clowns» sont parfois très calmes et profitent du soleil pour faire une petite sieste... Eliane Capendu «Les Vents d'Altaï»

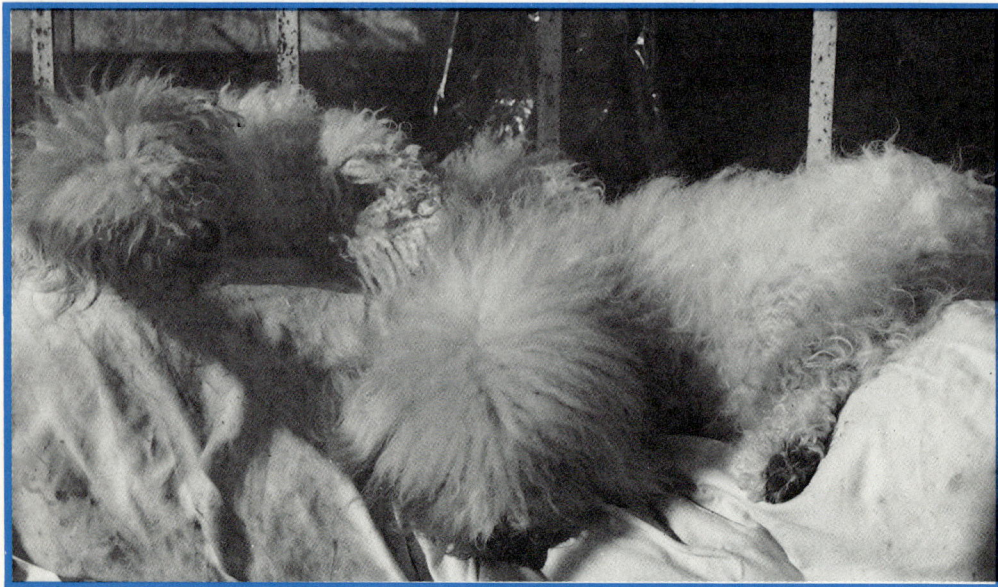

comme cela. Et pourtant, si vous enseignez de cette façon à votre bébé Bichon, vous n'aurez jamais aucun problème. Par contre, si vous possédez déjà un Bichon adulte qui ne supporte pas votre absence sans faire un véritable carnage sur les rideaux, les tapis, les tapisseries, les moquettes, enfin tout ce qui lui passe sous la dent, il vous sera bien sûr plus difficile de lui apprendre à rester seul. En ce cas, si vous ne vous en sentez ni la patience, ni le courage, ni la persévérance, il vaut mieux que vous vous adressiez à un éducateur canin. Il vous montrera comment ramener rapidement votre Bichon à de meilleurs sentiments.

Un éducateur? Pour quoi faire?...

Peut-être vous semble-t-il aberrant d'entendre parler d'éducateur canin pour un Bichon? Et pourquoi donc? Ne croyez-vous pas qu'il est temps de chasser de notre société l'image du «dresseur-violence» qui apprend à d'énormes molosses à attaquer et à mordre. Il ne faut pas tout confondre... Il y a de plus en plus de chiens dans notre société et leur présence en milieu urbain commence déjà à soulever suffisamment de polémiques par des grincheux qui n'affectionnent pas leur présence... Ne croyez-vous pas qu'il est temps, tout de même, de faire en sorte que ces gens anti-chiens n'aient plus aucune raison de s'en plaindre. Si tous les maîtres édu-

quaient correctement leur compagnon, plus aucun problème ne se poserait.

Faudra-t-il attendre que soit imposé un «permis d'avoir un chien en ville» et ensuite un «permis d'avoir un chien» tout simplement pour que les maîtres veuillent se donner la peine d'empêcher leur compagnon de hurler à toute heure, de laisser leurs crottes sur le trottoir sans gêne aucune, de mordre à tout propos et plutôt sans raison. Les «râleurs anti-chiens», comme nous aurions tendance à les appeler trop vite, ne sont-ils pas plutôt des personnes qui aiment les animaux mais qui ne veulent pas être réveillés en pleine nuit après une épuisante journée de travail; qui ne conçoivent pas d'être obligés de faire un réel parcours du combattant pour éviter les multiples crottes qui jonchent les trottoirs; qui n'ont pas l'intention de subir les assauts trop agressifs ou trop familiers du petit chien de la concierge qui s'arrange toujours pour leur sauter dessus avec ses pattes maculées de boue alors qu'ils s'apprêtent à partir à leur travail ou à passer une bonne soirée à l'extérieur?... Il ne faut rien exagérer! Il n'existe pas tant de gens anti-chiens. Par contre, il existe beaucoup de mauvais maîtres. Alors, qu'ils ne crient pas au scandale lorsque l'on prononce le nom d'«éducateur canin»...

Par définition, l'éducateur canin est là pour vous aider à éduquer ou à rééduquer votre chien afin qu'il soit plus facile à vivre pour vous et plus facile à supporter pour les autres... «Il gagne de l'argent sur le dos des chiens!...», ça c'est la deuxième doléance lorsque la première est tarie. Et alors?... D'abord, il faut bien qu'il ait des revenus. Et deuxièmement, les bienfaits qu'il apporte à notre société canine valent largement qu'il soit rétribué. Il pourrait même être subventionné par l'Etat que cela ne serait pas anormal du moment que ses compétences sont reconnues comme valables et efficaces!... Alors que cesse ce vieux débat sur l'éducateur-dresseur et que les mauvais maîtres qui le soulèvent prennent conscience qu'il est largement temps que l'on s'occupe de l'éducation de nos chiens si on veut que leur intégration dans notre société soit harmonieuse...

A qui vous pouvez le confier

Si votre Bichon vous pose un problème de comportement, il ne s'agit pas bien entendu de le confier au premier soi-disant dresseur à côté de chez vous. Si celui-ci est incompétent, cela confirmera votre ancienne idée que les dresseurs (préférons le terme d'éducateurs) ne sont tout juste bons qu'à dresser les chiens afin de les rendre féroces pour la garde ou bien l'attaque...

Adressez-vous aux personnes compétentes pour choisir votre éducateur et faites la synthèse de ce que l'on vous a conseillé. Parlez avec des spécialistes de chiens, des éleveurs, des vétérinaires. Renseignez-vous auprès de la Société centrale canine et de tous les organismes qui peuvent être concernés. Si vous venez d'acquérir votre Bichon et qu'il n'est encore qu'un petit chiot, allez voir tout de suite un éducateur canin, il vous dira quels sont les gestes, les attitudes, les réactions que vous devez connaître. Le Bichon est naturellement charmant et adorable, n'allez pas gâcher son merveilleux caractère en accumulant des erreurs d'apprentissage dont tout le monde souffrirait et lui en premier lieu...

Soins et secours

Votre petit Bichon va pour l'instant très bien, mais hélas il peut lui arriver une multitude d'ennuis de santé plus ou moins graves. Pour pouvoir parer au plus pressé en de telles circonstances, il est bon que vous puissiez repérer rapidement le mal dont il souffre avant d'aller consulter un vétérinaire. Lorsque le mal en question peut attendre le lendemain s'il survient la nuit, il n'est pas nécessaire de déranger tous les services vétérinaires.

Bien sûr, vous êtes toujours très inquiet pour votre petit protégé mais les vétérinaires de nuit sont des services d'urgence destinés aux animaux qui ont réellement besoin de leurs services. Alors, ne les alertez pas si le nez de votre Bichon coule ou s'il a une légère égratignure.

Blessures

Les blessures les plus courantes sont dues à des débris de verre ou de métal sur lesquels le chien pose les pattes au cours de sa balade. Elles peuvent être aussi provoquées par le coup de dent d'un chien agressif. Quelle que soit l'origine de la blessure, il faut tout d'abord nettoyer la partie endommagée. Appliquez-vous à enlever toute saleté de la plaie: terre, sable, herbe et lavez la plaie avec du sérum physiologique ou, à défaut, avec de l'eau puis passez une solution antiseptique. Si vous estimez que la plaie est importante et que le vétérinaire le plus proche n'est pas possible à joindre dans l'immédiat, administrez des antibiotiques si vous en avez. Faites très attention que les plaies n'aient pas atteint le thorax ou l'abdomen de votre protégé, car elles risqueraient d'entraîner de graves complications. Il faut donc que vous transportiez votre animal au plus vite chez le vétérinaire.

De même, si votre chien a été mordu violemment, administrez-lui au plus vite des antibiotiques, car bien que les plaies ne soient pas très visibles, elles sont peu aérées et deviennent le terrain d'élection de l'infection et évoluent souvent en abcès.

Stop à l'hémorragie

Le risque le plus grave que peut encourir votre Bichon lors d'une blessure est l'atteinte d'une veine importante ou d'une artère. Le sang est alors d'un rouge vif; vous devez faire un garrot entre la plaie et le cœur avant de pouvoir le transporter chez votre vétérinaire. Ce garrot doit être placé entre la blessure et l'extrémité du membre atteint. Si vous ne savez pas comment déterminer l'emplacement du garrot, faites un large pansement tenu par une bande élastique. Vérifiez bien que votre chien respire normalement, que son rythme cardiaque ne s'accélère pas et que ses muqueuses ne pâlissent pas. Si c'est le cas, il faut que vous fassiez très vite car une hémorragie profonde peut être mortelle.

Attention, poisons!

Que d'accidents malheureux surviennent à cause de l'absorption par les chiens de divers produits toxiques! Faites attention, en maintes circonstances, à ce que peut grignoter, mâchonner, ou pire, ingérer votre animal. Tout pour lui est prétexte à jeu, surtout lorsqu'il n'est encore qu'un chiot. Une fuite d'antigel répandu dans le garage et vous pouvez être sûr que votre chien voudra y goûter car cela a un goût sucré mais les conséquences peuvent être dramatiques pour son organisme. Attention aux produits du jardin: les désherbants, les insecticides, sont autant de dangers pour votre animal. Tenté d'aller découvrir ce qui peut bien se cacher dans la boîte, il n'hésitera pas à avaler le produit pour vérifier si c'est bon. Si

tel est le cas, il vous faut conduire votre compagnon au plus vite chez le vétérinaire car ce type de produits peut conduire très rapidement à la mort. N'omettez pas cependant, dans l'affolement, d'emporter avec vous l'emballage du produit ingéré. Il sera ainsi plus aisé pour votre vétérinaire de faire aussitôt les bons gestes pour sauver votre animal.

Objets dangereux

Il faut également prendre garde, surtout lorsqu'il s'agit d'un jeune chien, à tous les corps étrangers qu'il peut avaler en jouant. Morceaux de bois, balles en mousse, os trop pointus, morceaux de bouteilles en plastique (qu'ils affectionnent particulièrement pour le jeu), jouets d'enfant sont autant de dangers. Si vous avez constaté que, malgré votre attention, votre Bichon a avalé un objet qui ne passe pas, essayez déjà de lui faire manger des légumes fibreux. Les fibres en question pourront ainsi envelopper le corps étranger et faciliter son passage dans le tube digestif. Si malgré tout, le Bichon présente des symptômes inquiétants, refus de manger, signes de douleur lors de la déglutition, conduisez-le au plus vite chez le vétérinaire car des morceaux de balle, de plastique ou encore des noyaux sont souvent trop volumineux pour être assimilés par le transit intestinal du chien et risqueraient de provoquer une occlusion. Alors faites très attention à ne pas laisser traîner d'objet dangereux que le petit animal risque d'ingérer.

Un autre danger, moins connu, guette aussi le Bichon: les épillets. Ces derniers, par leur constitution, s'accrochent au poil, mais progressent aussi sur celui-ci grâce aux barbules qui les composent. Leur extrémité très acérée est capable ensuite de traverser n'importe quelle partie de la surface cutanée. Il est donc indispensable de les extraire au plus vite. Dans l'oreille, ces épillets provoquent une douleur très vive car la pointe peut toucher le tympan. Le chien crie et secoue violemment la tête, ce qui fait progresser l'épillet. La douleur devient encore plus intense et le chien hésite de plus en plus à se secouer et reste prostré en penchant la tête du côté où il a mal. Si vous pouvez vous-même extraire l'épillet, faites-le très précautionneusement avec une pince à épiler. Si vous n'y parvenez pas, emmenez-le au plus vite chez le vétérinaire afin qu'il procède à son extraction à l'aide d'un otoscope.

Ces épillets s'accrochent aussi dans la région interdigitée des pattes. Il n'est pas toujours facile de s'en apercevoir. Le chien lèche simplement de plus en plus souvent cet endroit. L'épillet est alors déjà très avancé, il a traversé la peau et commence à remonter le long du membre. Il forme alors une poche de pus qu'il faudra ouvrir afin de retirer l'épillet. Au pire, une intervention chirurgicale sera alors à envisager.

La plus simple des préventions pour éviter ce genre de désagréments est de regarder attentivement le poil, les oreilles et les pattes du chien au retour de la promenade, surtout si elle a eu lieu dans les champs ou dans les prés, et vérifier que les zones interdigitées sont saines et propres.

La chasse aux insectes

Les insectes, par leur venin, provoquent aussi des réactions qu'il faut surveiller. Elles peuvent se manifester par des œdèmes, des gonflements ou des rougeurs. Il faut pour cela avoir toujours sous la main une pommade à base d'antihistaminique afin de soigner la zone atteinte. En effet si celle-ci est le pharynx ou la bouche, votre Bichon peut être exposé à des risques d'étouffement. Si cela se produit, n'hésitez pas à consulter votre vétérinaire.

Une trousse pour parer à tout

Afin de parer à tous ces inconvénients, il est préférable d'avoir toujours à votre disposition quelques médicaments et ustensiles qui vous permettront de donner les premiers soins au Bichon. Pour soigner les plaies, une pommade antibiotique permettra une bonne cicatrisation en attendant de voir le vétérinaire si nécessaire. Si votre chien a été soumis à un choc violent, donnez-lui un toni-cardiaque pour aider son cœur à le surmonter. Pour les piqûres d'insectes un antihistaminique sera indispensable. Pour la désinfection, ayez toujours un flacon d'eau oxygénée et du coton, et pour les épillets, une pince à épiler. Un garrot vous sera d'un grand secours pour enrayer l'atteinte d'un vaisseau. Ajoutez un large sparadrap et une bande en coton qui vous permettront de faire un pansement ou un bandage provisoires. Pour compléter cette trousse d'urgence, laissez-y en permanence le carnet de santé de votre compagnon, il sera très utile au vétérinaire qui serait appelé à soigner votre Bichon en cas d'accident.

Les maladies

Votre petit Bichon, vous y êtes très attentif. Vous veillez à ce que rien ne lui arrive, vous faites très attention à son alimentation. Mais hélas, vous ne pouvez en rien éviter qu'il ne contracte quelque maladie. Par contre, vous pouvez en les connaissant repérer au plus vite les symptômes qu'elles provoquent et fournir le maximum de renseignements au vétérinaire afin qu'un traitement soit entamé au plus vite. Ainsi vous donnerez plus de chances à votre Bichon de guérir rapidement.

Pour cela, il faut tout d'abord que vous consultiez régulièrement votre vétérinaire. Il ne s'agit pas de vous retrouver dans sa salle d'attente au moindre incident, au moindre rhume. Simplement, veillez à respecter les dates de vaccination. A ce moment-là, il pourra contrôler qu'il n'y a pas de problèmes pour sa santé.

Maladie de Carré

La maladie de Carré peut atteindre tous les chiens jusqu'à l'âge de deux ans. Non transmissible à l'homme, cette maladie virale est très grave puisqu'elle est le plus souvent mortelle. Les premiers symptômes se traduisent par de la toux, un écoulement purulent au niveau des yeux et des narines et des diarrhées fréquentes. Le chiot, ou le chien, est abattu, prostré et n'a aucun appétit. Le blanc de ses yeux semble enflammé et sa température s'élève à 40°C. Au bout de trois jours, les symptômes s'aggravent, des boutons ou pustules apparaissent sur son ventre.

Le chien est pris de vomissements, de crises épileptiques, de convulsions ainsi que de paralysies.

Dès les premiers signes, il faut se rendre chez le vétérinaire sans attendre car la maladie de Carré progresse très vite et met en danger la vie de votre animal. Cette maladie est très difficile à soigner.

Le traitement s'effectue à partir d'injections de sérum, d'antibiotiques, de vitamine C et de produits à base de cortisone.

Pour éviter que cette terrible maladie n'atteigne votre Bichon, pensez donc à le faire vacciner lorsqu'il est chiot et n'oubliez pas non plus le rappel annuel, car l'oubli à l'âge adulte l'exposerait à une maladie du vieil âge.

Hépatite contagieuse ou maladie de Rubarth

Cette maladie est due à un virus voisin de celui de la maladie de Carré et peut atteindre le chien à n'importe quel âge, mais les chiots d'au moins d'un an sont plus menacés. Le chien atteint de cette maladie maigrit brutalement, perd l'appétit, se déshydrate et devient très faible. La cornée devient irritée et prend une teinte bleutée très caractéristique.

A ce moment-là, il faut agir très rapidement, car les premières 48 heures sont cruciales.

Si le chien en réchappe il est sauvé. Alors si vous constatez des symptômes qui peuvent évoquer cette maladie très grave, précipitez-vous chez votre vétérinaire. La meilleure prévention de cette maladie est la vaccination.

Parvovirose

La parvovirose peut atteindre les chiens de tous les âges. Lorsqu'il a contracté cette maladie virale, le chien présente des signes de déshydratation, ne mange plus; il est également pris de violents vomissements et de diarrhées qui deviennent rapidement hémorragiques.

Si l'animal entre dans le coma, il risque la mort. Pour éviter à votre compagnon le risque de contracter cette maladie, la seule solution est de vacciner le chiot de cinq à huit semaines avec un rappel un mois après.

Leptospirose

Appelée aussi typhus du chien, la leptospirose est transmise par les déjections des rats ou lorsque votre animal lèche l'urine d'un chien porteur. Très violente, cette maladie peut emporter un chien en quelques heures. Atteint d'une forte fièvre, l'animal devient complètement apathique et prostré. Il est pris soudainement de vomissements mousseux et jaunâtres et de diarrhées liquides et jaunâtres qui deviennent rapidement rougeâtres puis sanglantes. Le chien semble se vider littéralement. Il faut alors agir très vite et le conduire chez le vétérinaire afin que celui-ci lui administre une injection d'antibiotiques et d'antihémorragiques et des perfusions réhydratantes. En attendant les soins apportés par le vétérinaire, il faut faire absorber au chien beaucoup d'eau afin de ralentir la progression de la maladie.

Rage

Maladie redoutée de tous, la rage ne pourra atteindre votre compagnon s'il est vacciné. La vaccination est devenue obligatoire presque partout en France. La rage est due à un virus dont l'incubation est très lente, de

trois à huit semaines. Elle peut se manifester de deux façons:
— la rage furieuse, qui est la plus impressionnante. Complètement stressé, l'animal tend à mordre tout le monde, même son maître ainsi que les objets. Il aboie bizarrement, bave et refuse de boire;
— la rage muette, qui se caractérise par une apathie totale. Indifférent à tout ce qui l'entoure, l'animal bave de façon importante et urine de manière incontrôlée.

Peu de solutions sont envisageables devant un chien atteint de la rage. Seule la prévention par la vaccination préservera votre chien de cette terrible maladie.

Autres maladies

Asphyxie

Il peut arriver que votre Bichon ingère quelque chose et s'étrangle. S'il commence à s'asphyxier, il faut mettre le chien la tête en bas pour qu'il puisse rendre tout ce qu'il a ingurgité. Par contre, si l'asphyxie est due à une autre cause, par exemple à l'inhalation de gaz, il faudra immédiatement se rendre chez le vétérinaire.

Conjonctivite

Il s'agit de l'inflammation de la muqueuse qui recouvre la surface interne des paupières. Les symptômes de la maladie sont les yeux rouges et larmoyants. Il peut s'agir uniquement de l'introduction d'un corps étranger dans l'œil du chien. Cependant, si, après avoir vérifié qu'il n'y a rien, le chien continue à larmoyer, il faudra se rendre chez le vétérinaire afin qu'il prescrive un traitement approprié.

Constipation

Elle est due le plus souvent à une mauvaise alimentation. Pour la combattre, il est nécessaire de faire suivre au chien un régime à base de légumes, épinards, blettes ou feuilles de scarole, et de réduire la ration de riz bouilli pendant quelques jours. Si la constipation persiste malgré tout, il faudra se rendre chez le vétérinaire.

Diarrhées

Elles peuvent être le symptôme d'une maladie grave ou d'une alimentation incorrecte et déséquilibrée. Ce sont des dépôts aqueux dont la couleur varie entre le blanc et le marron. Les diarrhées peuvent entraîner la déshydratation du chien. Pour les éviter, il est indispensable d'élaborer un régime équilibré à base de riz bouilli. Pendant quelque temps, on évitera de donner au chien de la viande crue, des graisses ou du lait.
Il est également recommandé d'admi-

nistrer au chien un antidiarrhéique que l'on peut se procurer en pharmacie.

Insolation

Un animal exposé trop longtemps au soleil peut par la suite présenter les symptômes de l'insolation: faiblesse, difficulté de respiration, mauvaise coordination des mouvements, pelage sec et chaud, titubation. En général, le chien s'évanouit et présente des convulsions. Son maître devra donc le conduire rapidement chez le vétérinaire car il risque de mourir.

Il faudra tout d'abord placer l'animal dans un endroit frais et aéré et lui mettre des bouillottes d'eau froide sur la tête. Si malgré cela, son état ne s'améliore pas, il faut envelopper le chien dans une serviette trempée dans l'eau froide afin de provoquer une baisse de température. Quoi qu'il en soit, celle-ci ne doit pas être inférieure à 38° C car cela pourrait entraîner un collapsus ou une pneumonie, fatals pour l'animal. Après avoir procédé de la manière indiquée précédemment, il faut prévenir immédiatement le vétérinaire afin que celui-ci donne le traitement approprié.

Météorisme

L'absorption excessive d'aliments secs peut causer le météorisme qui engendre dans l'estomac du chien de nombreux gaz. Ceux-ci compriment l'appareil respiratoire et le cœur, provoquant parfois la mort.

Le symptôme le plus caractéristique est l'inflammation de l'estomac due aux gaz que le chien n'arrive pas à expulser. L'expulsion peut être aidée en lui administrant des lavements à base de décoctions de fenouil ou de graines d'anis. Cependant, si son état ne s'améliore pas, il est nécessaire de se rendre chez le vétérinaire qui éliminera avec une sonde les gaz se trouvant dans l'estomac du chien.

Otite

Cette maladie atteint plus particulièrement les chiots. On l'appelle otite *externe, moyenne* ou *interne* selon qu'elle affecte l'oreille externe, moyenne ou interne.

Le chiot qui souffre d'une otite aura mal aux oreilles et secouera fréquemment la tête de droite à gauche. L'otite externe peut également arriver à toucher l'oreille moyenne puis l'oreille interne, ce qui peut entraîner une surdité chronique.

Le traitement consiste à prendre un bâtonnet recouvert de coton trempé dans une décoction de camomille tiède et à l'appliquer sur l'oreille de l'animal, la partie traitée sera ensuite séchée avec un autre bâtonnet en coton. On peut également appliquer des gouttes. L'otite peut survenir lorsque le chien vit dans des conditions d'hygiène insuffisantes.

Ci-contre: Bichon hava-nais. Elevage du Fantôme Von Harlekin, M. et Mme Perrin-Motoko

Combien la robe vaporeu-se et soyeuse du Bichon maltais a dû séduire les princes de jadis!.... Eleva-ge de Nisjotlal

Ci-contre: Starlett, Bichon maltais. Elevage du Fantôme Von Harlekin, M. et Mme Perrin-Motoko

Un superbe Bichon frisé champion international. Elevage du Fantôme Von Harlekin, M. et Mme Perrin-Motoko

PRINCIPAUX SYMPTOMES D'UN MAUVAIS ETAT DE SANTE DU CHIOT

- Perte de l'appétit.
- Difficulté pour avaler les aliments.
- Sécrétion abondante de mucosités.
- Toux.
- Selles liquides et ne fait pas quotidiennement ses besoins.
- Fièvre.
- Vomissements trop fréquents.

LES VACCINS

A 8 semaines	Vaccination contre la maladie de Carré, l'hépatite et la leptospirose, ce que l'on appelle vaccin *trivalent*. Elle sera effectuée tous les ans.
A 10 ou 12 semaines	Vaccination contre la parvovirose. Elle sera effectuée tous les ans.
A 4 mois	Vaccination contre la rage. A faire annuellement. Obligatoire.

Leś vers

Dès que votre chien ne semble pas en pleine forme, maigrit, a mauvaise haleine, a le poil terne, vous vous dites aussitôt: «Il a des vers!» Et il est vrai que bien souvent, c'est le cas. Ces hôtes indésirables gênent votre chien et afin d'appliquer le traitement adéquat, il convient de connaître les différents vers que votre Bichon peut héberger. Les vers sont divisés en deux groupes: les plats et les ronds. Les vers plats sont longs, en forme de ruban et sont souvent appelés ténias. Les vers ronds se divisent en plusieurs espèces, de longueur variable mais la section de leur corps est toujours ronde.

Ténias

Il n'existe pas une seule variété de ténias mais plusieurs. Longs de quelques centimètres à plusieurs mètres, ils vivent fixés à la muqueuse de l'intestin grêle. Ils se nourrissent du contenu du tube digestif mais n'ont pas, contrairement à ce que l'on croit, une action très néfaste sur la santé du chien. Pour qu'ils altèrent réellement sa santé, il faudrait qu'ils soient très nombreux. C'est d'ailleurs pour cela que, si votre Bichon héberge un ténia et qu'il maigrit, le vétérinaire lui administrera un vermifuge mais recherchera aussi la cause éventuelle de cette maigreur.

Bien qu'il ne soit pas dangereux, il faut absolument débarrasser votre compagnon du ténia.

Ce ver est formé de nombreux anneaux qui se détachent les uns après les autres et sont expulsés avec les selles. Ils peuvent aussi sortir d'eux-mêmes entre les selles et provoquent alors des démangeaisons et des irritations de la zone anale et périnéale.

Ascaris

Longs d'une dizaine de centimètres, les ascaris sont ronds, de couleur rosée et légèrement effilés à leur extrémité. On les détecte dans les selles du chien et surtout dans les vomissements des chiots. En effet, 90 % des chiots sont infestés par les ascaris alors que la présence de ces parasites passe le plus souvent inaperçue chez les adultes. Les vers, lorsqu'ils se promènent dans l'estomac du chiot, provoquent des irritations, des troubles digestifs, des vomissements et des diarrhées. Il arrive parfois que le chiot vomisse de véritables pelotes de vers. En fait, ce phénomène permet d'éviter l'occlusion intestinale.

Parfois, les larves émigrent vers les poumons et déclenchent une pneumonie. Il est donc nécessaire de vermifuger le chiot au plus vite et régulièrement afin d'éviter la mauvaise croissance du chien qui perd l'appétit et maigrit rapidement.

Trichures

Les *Trichuris Vulpis* sont des vers de petite taille qui vivent dans le gros intestin du chien où ils se nourrissent de tissu et de sang. Le chien contaminé élimine les œufs embryonnés qui peuvent vivre plusieurs mois dans le milieu extérieur. D'où l'utilité d'une vermifugation effectuée correctement afin d'éviter au chien d'être réinfesté et infester d'autres chiens. Lorsque le vermifuge a été administré, il convient donc de détruire les selles antérieures et de procéder à un nettoyage minutieux de l'environnement du chien.

Ankylostomes

Moins connus que les ascaris, ces petits vers d'environ 1 cm de long sont assez dangereux. En effet, l'ankylostome se fixe à la muqueuse de l'intestin et s'en nourrit en ponctionnant du sang. Adulte, le chien présente peu de symptômes sauf un amaigrissement progressif accompagné de diarrhées contenant du sang digéré ou non. Pour le chiot, bien sûr, les symptômes sont multipliés.

En tout état de cause, une vermifugation efficace s'impose.

Vermifuges

Les vermifuges sont nombreux sur le marché vétérinaire. Ils se présentent sous toutes les formes: en comprimés, en sirop, en solution injectable ou en pâte à avaler. Ce dernier est d'un emploi très pratique. Tous, désormais, s'attachent à ne pas provoquer d'effets secondaires. Certains ne sont que nématocides, c'est-à-dire qu'ils traitent principalement les ascaris. D'autres sont cestocides, ils sont actifs sur les vers plats. Les derniers enfin sont polyvalents, ils traitent donc tous les vers. Le rythme d'administration des vermifuges varie selon l'âge du chien et le vermifuge utilisé. On peut simplement dire que, généralement, on vermifuge le chiot tous les mois et l'adulte au moins une ou deux fois par an. Cependant, pour choisir le produit et son rythme d'administration, une seule personne peut vous conseiller, votre vétérinaire.

L'alimentation

Comment faire en sorte de bien nourrir mon petit compagnon? C'est la question que se pose toujours le maître. Il semble si peu évident au nouveau maître de savoir quel type d'alimentation donner: repas maison, industriel, sec, humide, semi-humide? Et qui écouter pour le choix de cette alimentation? Une chose est sûre tout d'abord, tant que votre Bichon est chiot, il vaut mieux que vous continuiez à lui donner la nourriture que l'éleveur employait. Cela évitera d'ajouter les conséquences d'un changement de régime au bouleversement de son cadre de vie, des personnes qui l'entourent et la séparation d'avec sa mère et les frères et sœurs de sa portée. Rien ne vous empêche, par la suite, de changer progressivement son alimentation si celle qu'il utilisait ne vous convient pas pour une raison ou une autre.

L'éleveur chez qui votre chiot a été élevé, le vétérinaire et l'estomac de votre chien sont vos meilleurs conseillers. N'écoutez pas les gens qui se croient bien informés et vous assurent que «un-petit-gâteau-ne-peut-pas-lui-faire-de-mal-on-en-mange-bien-nous, le-pauvre...» Il est vrai qu'un petit gâteau ne peut pas lui faire de mal, quand il n'y en a qu'un et qu'il est donné pour une raison bien précise, pour le récompenser, encore qu'il appréciera tout autant un morceau de gruyère et que ce dernier lui sera plus bénéfique. Attention donc à ce style de conseils, ne les suivez pas, vous risquez de préparer votre chien à l'obésité, et il sera le premier à en souffrir, essoufflé au moindre pas et exposé à des maladies plus graves que la transformation de son aspect esthétique.

En matière d'alimentation canine, fiez-vous à votre bon sens et ayez présentes à l'esprit quelques règles impératives.

• Adaptez-vous à l'estomac, l'activité, le stade d'évolution (croissance, gestation, vieillesse) de votre petit compagnon.

• Donnez-lui un menu équilibré.

• N'omettez surtout pas de lui laisser de l'eau fraîche et propre à libre disposition.

• Ne le changez jamais brutalement de régime, il risquerait d'être pris de violentes diarrhées.

• Et surtout, évitez impérativement de le nourrir entre les repas!

Un menu équilibré

Donner un menu équilibré signifie couvrir les besoins alimentaires en protéines (utiles pour la construction de l'organisme), en glucides (pour l'énergie), en minéraux (pour les os) et en vitamines. Les tissus animaux contiennent une proportion assez élevée de protéines qui se composent de vingt-cinq acides aminés. Parmi ceux-ci, dix sont indispensables dans le régime alimentaire du chien. La plupart des abats, des viandes fraîches, le fromage blanc, la volaille et le poisson apportent ces protéines qui sont digestibles à 90 %. Par contre, les chiens ne digèrent que 60 % des protéines d'origine végétale. Il est donc déconseillé de leur en donner en trop grande quantité, ce qui risquerait de provoquer des diarrhées.
Les lipides (graisses) contiennent des acides gras qui sont aussi indispensables. Leur absence provoquerait un excès de séborrhée, un poil rêche et sec, une irritation de la peau. D'autre part ces graisses sont indispensables au chien pour son énergie.
Les glucides ont aussi leur utilité, du fait de leur pouvoir calorique élevé.

Votre Bichon a aussi besoin de minéraux. En effet, le calcium et le phosphore sont indispensables à la formation et au développement des os. Leur absence dans l'alimentation du chiot peut conduire au rachitisme ou à une malformation des os.
Il est très important de veiller consciencieusement à ne pas faire d'erreurs alimentaires. Apparemment, votre Bichon peut parfaitement s'accommoder d'un régime exclusivement à base de viande, mais sachez que ce menu serait déséquilibré car il ne contiendrait aucun calcium. A plus ou moins long terme, il provoquerait chez votre Bichon des maladies cutanées ou osseuses, des pertes de dents.

Quels types d'aliments?

Vous préférez mitonner le repas de votre protégé, lui faire cuire amoureusement sa viande, ses légumes, son riz? A votre guise mais sachez cependant qu'il va vous falloir faire très attention au dosage du repas de votre Bichon. En proportion, il vous faudra associer un quart de riz, un quart de légumes et la moitié de viande. A cela, vous devrez ajouter des compléments minéraux.
Demandez conseil à votre vétérinaire, il vous indiquera exactement les proportions et la composition de son repas. Mais avouez tout de même que cette préparation est longue et fastidieuse. Il est difficile de savoir si, de

plus, il ne manquera pas quelque chose à sa ration.

L'alimentation industrielle offre par ailleurs une gamme étendue de produits qui répondent parfaitement aux besoins de votre animal. Les aliments industriels sérieux, c'est-à-dire produits par des fabricants responsables, c'est le cas des grandes marques, ont de nombreux avantages; ils sont économiques, pratiques d'emploi, appétissants et surtout répondent parfaitement et précisément aux besoins nutritionnels du chien. Aucun risque de carence grave car ils respectent les normes de composition les plus récentes et bénéficient des derniers travaux de recherche diététique. De plus, il existe désormais des aliments industriels diététiques adaptés à certains cas particuliers: obésité, diabète, insuffisance rénale ou cardiaque. En fait, ces aliments préparés n'ont, sauf exception, aucun inconvénient et sont bien préférables au niveau nutritionnel à une mauvaise alimentation maison.

Aliments secs

Renfermant moins de 14 % d'eau, les aliments secs se présentent généralement sous forme de croquettes ou en soupes.

Aliments humides

Les aliments humides se distinguent par leur forte teneur en eau puisqu'ils contiennent environ 70 à 80 % d'eau. Complets ou complémentaires, sous forme de conserves ou de semi-conserves sous plastique, ces aliments sont tout à fait appétissants et généralement très bien acceptés par le chien.

Compléments alimentaires

A base de légumes et de riz, ces compléments sont généralement à distribuer avec soit de la viande fraîche, soit un aliment humide en boîte. Très pratiques d'emploi, ils complètent parfaitement la ration de votre compagnon.

Prendre de bonnes habitudes

Comme vous pouvez le constater, les aliments qui vont vous aider à bien nourrir votre Bichon ne manquent pas sur le marché, mais outre le choix de l'aliment distribué, il va vous falloir donner de bonnes habitudes alimentaires à votre compagnon, ce qui semble ne pas être le plus facile pour bon nombre de maîtres.

Tout d'abord, il faudra habituer votre Bichon, dès son plus jeune âge, à ne pas quémander lorsque vous mangez vous-même. Rien n'est plus désagréable que de voir un chien aboyer, gémir, implorer pour quelque relief de repas. Imaginez que vous ayiez des invités, d'importance ou non, et que votre chère boule de poils réclame avec tant d'insistance qu'il vous soit impossible d'avoir une discussion suivie avec vos invités. Vous êtes alors obligé d'enfermer votre compagnon dans une autre pièce, ce qui n'est vraiment qu'une solution d'attente, ou bien vous allez devoir tempêter tout au long du repas pour qu'il cesse de vous importuner, ce qui n'est agréable pour personne.

Il est bien plus simple d'éviter que votre chien ne grignote à chacun de vos repas, tout le monde y gagnera en tranquillité et en calme. D'autant plus que le grignotage perpétuel prédisposerait votre Bichon à une future obésité qu'il vous serait très difficile de supprimer... Alors ne cédez pas aux caprices de votre chien, faites-le manger avant votre propre repas et veillez à ce que personne n'outrepasse vos règles en glissant discrètement quelque morceau de viande sous la table à votre Bichon qui, bien sûr, n'attend que cela.

De même empêchez vos visiteurs de lui donner une petite friandise. Bien sûr, ils vont vous dire: «Oh, juste un petit morceau...» Mais, un petit morceau habituerait votre Bichon à en réclamer un autre, puis un autre et adieu vos préceptes de bonne éducation. Alors ne cédez jamais, même face à votre belle-mère ou au patron de votre conjoint, à qui vous ne voulez rien refuser.

Soyez intransigeant! Ceux qui saccagent votre autorité seraient les premiers à vous reprocher le manque d'éducation de votre Bichon!...

De la même manière, imposez à votre compagnon des repas à heures fixes. Tout d'abord, cela permettra à son organisme de se régulariser. Ensuite, vous verrez que grâce à cette méthode, il vous sera facile de savoir à quelle heure il a besoin de sortir pour satisfaire ses besoins naturels. Enfin, de lui-même, il ne pensera pas à réclamer à tout moment à manger puisqu'il comprendra que ce n'est pas l'heure. Il semble astreignant d'opposer un refus à ces yeux implorants et à ces mimiques suppliantes, mais comme vous serez fier de ce petit Bichon bien élevé qui va tranquillement se coucher dans son panier alors que tout le monde ripaille devant lui!...

Mettre son chien au régime

Et voilà, votre Bichon a avalé tant de friandises, de gâteaux à toute heure qu'il est devenu gros et même franchement obèse. Et maintenant que faire pour qu'il retrouve la ligne? Et oui, vous avez pensé bien faire en nourrissant trop votre Bichon, mais un chien gros n'est jamais un chien bien nourri, au contraire. Il s'essouffle à la moindre promenade, ne joue plus ou presque tant il a de mal à se mouvoir et, en plus, il a toujours de plus en plus faim. Le cercle infernal... Et le pire est que votre compagnon risque de graves troubles de santé à cause de son excès pondéral: troubles articulaires, ralentissement du transit digestif, troubles circulatoires, difficultés respiratoires, diabète, surmenage cardiaque (car son cœur s'enrobe de graisse) et sensibilité aux infections. Un tableau bien noir... qui devrait faire réfléchir ces maîtres persuadés de faire le bonheur de leur chien en les gavant à l'excès.

Que faire pour le mettre au régime? Tout d'abord, lui redonner de bonnes habitudes alimentaires: plus de gâteaux, de sucreries, éventuellement les remplacer au début par un morceau de fromage ou de viande. Il appréciera tout autant! Et puis bien sûr, diminuer sa ration journalière. Pour que cela ne lui soit pas trop pénible, vous pouvez diviser cette ration en deux fois, une le matin, l'autre le soir, pour qu'il n'ait pas trop la sensation de faim. Pour être sûr de donner assez mais pas trop, vous pouvez utiliser les nouvelles gammes d'aliments diététiques venues sur le marché, que vous pouvez d'ailleurs trouver chez votre vétérinaire qui vous conseillera sur la ration à distribuer. Et, bien sûr, partez le plus souvent possible en balade avec votre chien. Celles-ci ne seront pas trop longues dans un premier temps, puisqu'il est encore gros et qu'il va vite s'essouffler, puis de plus en plus, avec de plus en plus de courses et de jeux. Vous verrez comme sa vitalité va s'accroître, ainsi que sa complicité avec vous...

Si, par contre, votre Bichon est trop maigre et ne semble pas en bonne santé, il peut y avoir à cela plusieurs raisons. Tout d'abord, cela peut être dû à un manque de nourriture ou à une mauvaise alimentation. Ces deux éventualités sont aisément réparables en augmentant la ration ou bien en

changeant la qualité de celle-ci. Votre vétérinaire vous conseillera si vous ne savez comment faire.

Il peut être maigre aussi tout simplement parce qu'il manque d'appétit. Il souffre peut-être alors d'une maladie infectieuse, ou bien il est perturbé psychologiquement (absence de son maître, changement de lieu et d'habitudes). Il faudra donc rechercher ce qui l'a perturbé pour pouvoir adapter votre attitude à son égard.

Il peut aussi être maigre tout en dévorant. Si l'utilisation d'un vermifuge ne donne aucun résultat, on peut suspecter soit une déficience digestive, soit des troubles de l'assimilation: diabète, cirrhose du foie, etc.

En tout état de cause, devant un Bichon trop maigre, il faut en premier lieu déterminer les raisons de cette affection pour pouvoir y remédier. Votre vétérinaire vous aidera dans cette recherche. Ensuite, pour lui faire reprendre du poids, il faudra ajouter à sa ration des vitamines et des minéraux et accroître l'apport en protéines. Enfin, s'il manque d'appétit, il conviendra de diviser la ration qu'il doit absorber quotidiennement, en plusieurs repas afin de faciliter la prise de nourriture.

L'alimentation du chiot

Afin que votre Bichon connaisse un développement correct, il est indispensable de lui fournir une alimentation nutritive, saine et équilibrée.

Les quatre premières semaines suivant sa naissance, il se nourrira uniquement du lait de sa mère; passée cette période, il commencera à absorber une autre alimentation. Le chien ne devra pas être sevré avant les 45 ou 50 jours; c'est la mère qui l'empêchera de téter à cause des petites dents qui auront poussé.

L'alimentation du chiot joue un rôle très important dans sa vie. En effet, un régime insuffisant peut entraîner à la longue déformations physiques, rachitisme, faiblesse, anémie…

Examinons à présent quelle est la fonction que remplissent les principaux composants de l'alimentation du chiot.

Les céréales

Essentiellement le riz et le maïs. Ils apportent tous deux les calories nécessaires à un développement physiologique équilibré. La ration fournie à l'animal dépendra évidemment de sa taille.

PRINCIPAUX ALIMENTS

Autorisés	Interdits
Aliment spécial pour chiot	Haricots secs
Bouillies	Fèves
Riz très cuit	Choux
Vermicelle	Navets
Soupes de farine de maïs	Poissons gras
Pâtes à soupe en tous genres	Viande de porc
Légumes frais et cuits	Lard, charcuterie et os esquilleux (comme ceux du poulet)
Poisson blanc bouilli	Pois chiches
Œufs	Lentilles
Viande de veau	Petits pois
Viande de bœuf, de cheval	Piments
Conserves de viande spéciales pour chiens	Fritures et sucreries, à éviter
Lait	Viandes trop grasses
Pain	

«On est pourtant nombreux entre Bichons frisés et maltais, mais le chat ne se gêne pourtant pas pour venir picorer dans notre gamelle». Elevage du Fantôme Von Harlekin, M. et Mme Perrin-Motoko

La viande

Elle constitue la base de l'alimentation du chien. La viande sera toujours maigre; il conviendra d'éviter les viandes trop riches réservées aux chiens faisant beaucoup d'exercice. La volaille (poulet, poule) et les abats (cœur, tripes, foie, etc.) devront compléter le régime, sans excès. Le mou est déconseillé car il n'apporte aucun élément nutritif.

Les légumes

Ils favorisent le bon fonctionnement des intestins. Les légumes sont bouillis et mélangés à la viande. On donnera principalement des blettes, de la laitue, des courgettes et des carottes râpées bien cuites. Il ne faut pas cependant en abuser car les légumes peuvent aussi provoquer des diarrhées et des troubles intestinaux.

Les aliments déshydratés (croquettes)

Ces aliments sont parfaits si vous n'avez pas le temps de faire cuire le riz et la viande. De nombreuses marques très élaborées existent actuellement sur le marché; il suffit de lire les instructions au dos de l'emballage pour connaître la quantité nécessaire à l'animal. Si l'on décide de nourrir son chien de cette façon, il faut cependant tenir compte d'un facteur très important: ne pas oublier que la nourriture séchée donne soif; le chien devra donc toujours disposer d'une quantité d'eau fraîche supplémentaire. L'idéal est de fournir une alimentation mixte, en mélangeant une certaine quantité de croquettes au riz et à la viande.

Les conserves de viande

Solution pratique si l'on doit effectuer un long voyage, il est néanmoins déconseillé d'en donner trop souvent car l'animal doit absorber d'autres aliments.

Les vitamines

Le chien a toujours besoin d'un apport vitaminique pour connaître un développement harmonieux. Les yaourts, les œufs, l'huile de foie de morue et la margarine fournissent les vitamines indispensables au chiot. Le calcium et le phosphore peuvent être ingérés sous forme de comprimés ou de poudre. Ils servent à renforcer la croissance de l'animal, le rachitisme étant justement causé par le manque de calcium et de phosphore. Cette maladie peut également affecter les chiots qui n'assimilent pas correctement les aliments et souffrent de troubles intestinaux. Le vétérinaire décidera de la quantité de calcium et de phosphore nécessaire à l'animal en fonction de ses besoins.

Lorsque le chien vieillit

Lorsque votre petit Bichon vous a accompagné depuis déjà une dizaine d'années, il faut songer à adapter son alimentation à son âge. Pour cela, il convient de diminuer l'apport protéique et d'utiliser des protéines plus facilement digestibles, car évidemment votre compagnon a une activité plus réduite, encore qu'il ne faut pas considérer un chien âgé comme un impotent. Bien au contraire, il vaut mieux lui réserver toujours sa promenade quotidienne, même si elle est un peu moins sportive... Par contre donnez libre cours aux jeux; c'est grâce à eux et à la complicité que vous entretiendrez que votre Bichon conservera le plus longtemps la meilleure jeunesse, celle de l'esprit...

Pour résoudre le problème de l'alimentation du chien âgé, il est plus simple et plus sûr d'avoir recours aux aliments diététiques vendus chez les vétérinaires; ceux-ci, en effet, répondront parfaitement aux besoins alimentaires de votre Bichon qui atteint son «troisième âge».

Age	Repas quotidiens	Heures des repas
Entre 30 jours et 6 mois	4	matin, midi, milieu de de l'après-midi et soir
Entre 6 et 9 mois	3	matin, midi et soir
Entre 9 mois et 1 an	2	matin et soir

Et pour son cœur?

Si le cœur de votre petit Bichon présente des faiblesses ou une insuffisance, il convient de lui donner une alimentation spécifique. Quelle que soit la forme de cette insuffisance, elle se caractérise dans tous les cas par un défaut d'élimination du sodium. Bien sûr, un traitement vétérinaire est indispensable, mais un régime alimentaire peut permettre d'éviter les apports trop importants en sodium. Ainsi, il faut éviter tous les aliments qui peuvent en apporter. Pour cela, il convient de donner plutôt des viandes blanches, des pâtes et des légumes mais sans aucun apport de sels minéraux. Il faudra veiller aussi à ne pas donner n'importe quel aliment industriel. Des aliments de régime pour insuffisance cardiaque sont désormais sur le marché et répondent parfaitement aux besoins alimentaires du chien.

Et s'il a du diabète?

Si votre petit compagnon souffre de diabète, c'est que son taux sanguin de glucose, la glycémie, a augmenté. Son régime alimentaire peut donc jouer un rôle considérable puisqu'il influera sur son métabolisme. Il faut donc réduire dans sa ration l'apport glucidique en lui donnant un régime riche en protéines et en graisses. Pour ce problème aussi, des aliments industriels diététiques ont été mis au point par des laboratoires spécialisés et répondent aux besoins du chien diabétique.

Et si ses reins ne fonctionnent plus très bien?

Il est très difficile de soigner un chien atteint d'insuffisance rénale. En effet, ses cellules rénales se détruisent inexorablement et l'animal est atteint de néphrite chronique. 80 % des animaux âgés de plus de huit ans souffrent malheureusement de cette destruction. Les symptômes se manifestent par une envie d'uriner excessive et une soif intense. L'alimentation, là aussi, joue un rôle prépondérant puisqu'elle permet de réduire les déchets en diminuant les protéines, d'assurer un apport calorique suffisant en remplaçant ces protéines par des lipides et des glucides. La viande maigre de bonne qualité, la viande blanche sont particulièrement recommandées. On y ajoutera du riz afin d'amener les calories et les sels minéraux nécessaires. L'eau sera laissée à libre disposition afin de compenser l'eau éliminée par excès. Il existe chez les vétérinaires des aliments tout préparés adaptés au régime des chiens insuffisants rénaux.

Une bonne toilette pour une beauté remarquable

Les animaux, quels qu'ils soient, méritent notre attention en ce qui concerne leur propreté. Sans qu'ils soient excessifs, les soins apportés à la fourrure, à la peau, aux yeux et aux oreilles de votre Bichon, sont indispensables pour que ne viennent s'installer des parasites, ou qu'ils ne souffrent d'affections de la peau. Ces soins ne doivent pas non plus être trop intensifs, car ils risqueraient d'endommager la qualité de la fourrure de votre animal. Il convient donc, suivant la variété de Bichon que vous avez choisie, de vous adresser au club d'une part et à un toiletteur d'autre part.

Le poil du Bichon maltais devra être entretenu avec beaucoup d'attention. Elevage de Nisjotlal. Josiane Kriegel

Nous n'aborderons ici que les soins communs à toutes les variétés de Bichons. En effet si un Bichon havanais doit être peigné et brossé régulièrement, il ne doit, aux dires des éleveurs, en aucun cas être assimilé au Terrier du Tibet. C'est-à-dire que son poil ne doit pas être huilé afin qu'il soit long et lisse. Au contraire, il doit être laissé le plus naturel possible, tout en étant propre bien sûr!

A l'inverse, le Bichon maltais réclame un soin particulier pour sa fourrure. Il faut, quand il est encore chiot, l'habituer à être toiletté quotidiennement sinon son poil risque de feutrer. Il est nécessaire, pour qu'il soit conforme à son standard, de faire une raie de la nuque à la queue sur le milieu du dos et de lui attacher les poils du dessus de la tête à l'aide d'un brin de laine torsadée ou autre nœud. Il faut aussi veiller à ce que son poil ne devienne pas trop sec. Pour cela, il sera nécessaire de lui appliquer de temps à autre de l'huile de noix de coco ou de l'huile de vison purifiée.

Le Petit chien Lion, quant à lui, devra tout simplement être toiletté et tondu en... lion!

Les Bichons frisés et bolognais, eux, doivent uniquement être propres, leur fourrure étant laissée à l'état naturel, disciplinée simplement.

En résumé, à part quelques variantes de finitions, ces charmants petits chiens doivent être tenus propres, encore plus que d'autres races.

Au bain!

Il faut savoir, à propos du bain, que l'excès est nuisible dans un sens comme dans l'autre. Trop de bains risquent d'abîmer le pelage de l'animal et de diminuer les huiles naturelles que produit sa peau et qui lui sont utiles comme défense contre les éléments pollueurs extérieurs.

Le poil du Bichon maltais est si long et abondant qu'il faut lui attacher ses «cheveux» pour qu'il puisse voir! Velvet Lord du Fantôme Von Harlekin, champion France international, Udh et Bundessieger (RFA)

Les papillotes protègent le poil et n'empêchent pas le Bichon havanais de folâtrer gaiement à l'extérieur. Elevage du Fantôme Von Harlekin, M. et Mme Perrin-Motoko

Vanilla, Bichon maltais. Elevage du Fantôme Von Harlekin, M. et Mme Perrin-Motoko

Bien sûr, un excès de saleté est nuisible pour sa santé et il est donc bon, pour son esthétique comme pour son hygiène, de le baigner afin d'éliminer les parasites, saletés, poussières, qu'il peut héberger. Un bain tous les mois semble être une cadence raisonnable, qu'il convient toutefois d'adapter à la variété de Bichon que vous avez choisie et aux conditions climatiques et d'environnement. Il est évidemment déconseillé de baigner votre Bichon si vous êtes en plein hiver dans une maison non chauffée et de plus si elle est le palais des courants d'air. Mais ces mises en garde sont un peu superflues, votre bon sens vous guidera pour savoir lorsque le bain n'est pas souhaitable.

Les accessoires

Avant de commencer à baigner votre compagnon, il va vous falloir réunir quelques accessoires à portée de main afin de ne pas avoir à abandonner votre chien dans la baignoire, tandis que vous serez parti chercher ce qu'il vous manque. Il vous faudra donc:
— une baignoire bien évidemment. Vous pouvez utiliser la vôtre; votre Bichon aura ainsi plus de mal à s'évader s'il n'apprécie pas particulièrement cette opération. Mais à vous de l'y habituer;
— un savon ou un shampooing spécial chiens. Demandez conseil à votre vétérinaire ou à votre toiletteur;
— du coton hydrophile que vous mettrez dans ses conduits auditifs afin que l'eau et le produit employé n'y pénètrent pas;
— de la gaze et de l'eau purifiée pour nettoyer ses yeux;
— des coton-tiges si vous savez comment les employer, sinon du coton suffira;
— un peigne métallique;
— une brosse en crin;
— une grande serviette éponge. Au besoin deux, si elles sont trop petites.

Remplissez votre baignoire jusqu'à ce que l'eau couvre les extrémités de votre Bichon et touche son abdomen. Vérifiez bien la température de l'eau. Elle doit avoisiner les 38° alors que la température de la pièce doit être tempérée et la fenêtre, bien sûr, fermée pour éviter tout courant d'air. Bouchez doucement les conduits auditifs de votre compagnon avec du coton. Commencez alors à le mouiller avec la douche en prenant garde de ne pas l'effrayer par un jet trop abondant ou une température différente de celle de l'eau où il est plongé.
Lorsque son poil est bien mouillé, appliquez le produit que vous avez choisi en le répartissant bien sur tout le corps, de façon que son poil en soit bien imbibé. Frottez soigneusement sa peau en évitant d'emmêler ses poils. Rincez ce premier shampooing soigneusement et refaites-en un autre. Lorsque celui-ci est terminé, effectuez le rinçage final en vérifiant que vous

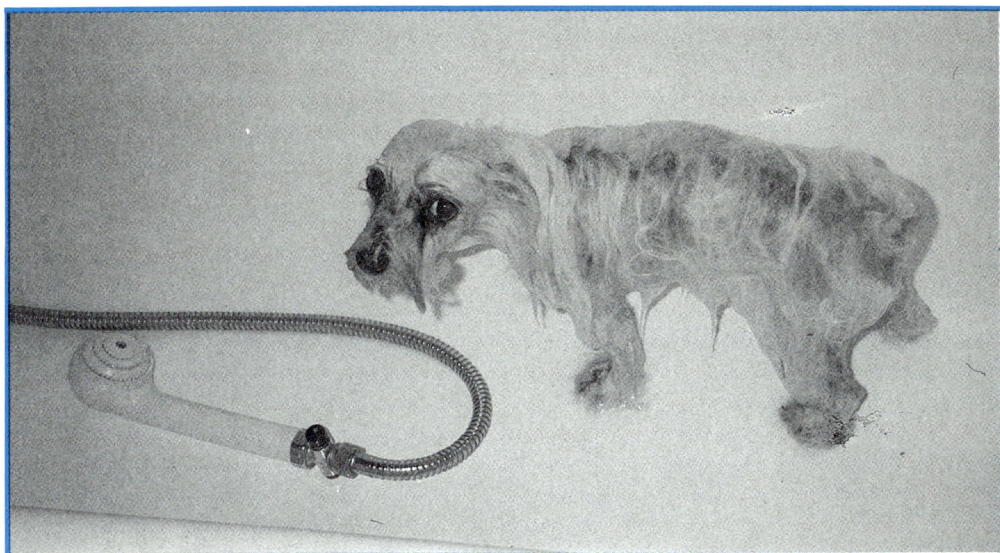

Pour le bain, la baignoire reste l'endroit idéal. Elevage du Fantôme Von Harlekin, M. et Mme Perrin-Motoko

débarrassez toutes les parties de son corps du produit employé.

Lorsque le rinçage est terminé, enlevez le surplus d'eau avec vos mains, surtout pour les Bichons à poil long. Attention, instinctivement, votre Bichon va vouloir éliminer cet excès d'eau en se secouant. Assurez-vous donc que rien autour de vous ne craint les éclaboussures d'eau.

Pour le séchage, vous enlèverez le maximum d'humidité avec votre serviette en tissu éponge en prenant soin de n'oublier aucune partie du corps et particulièrement son abdomen et son ventre.

Vous pouvez vous aider d'un séchoir électrique si votre Bichon l'accepte, mais pour cela il faut qu'il soit bien adapté, c'est-à-dire que l'air qu'il pro-

pulse ne doit pas être trop chaud car cela risquerait de brûler les poils de votre compagnon ou de les casser.

La toilette

Les oreilles

Lorsque votre compagnon est bien sec, vous pouvez continuer sa toilette. Profitez de cette occasion pour bien regarder ses oreilles que vous nettoierez très précautionneusement avec un coton-tige mais surtout sans l'enfoncer dans le conduit auditif. Vous risqueriez d'y introduire des éléments extérieurs qui pourraient provoquer ultérieurement une infection. Si vous vous apercevez que le conduit est vrai-

ment sale et vous semble même purulent, utilisez un produit désinfectant
que vous laisserez glisser dans le conduit. Vous favoriserez sa bonne péné-
tration en massant la base de l'oreille.

Les yeux

Pour nettoyer les yeux de votre compagnon, utilisez de la gaze imbibée
d'eau purifiée, d'eau bouillie ou de

Le toilettage s'impose lorsque l'on est déjà champion! Mais il n'y a pas de souci à se faire, sa jolie robe ne l'empêchera pas de gambader dans le jardin! Bichon maltais de Nisjotlal. Josiane Kriegel

tout autre produit destiné à cet usage. Nettoyez le contour de l'œil avec précaution dans le sens du poil et en allant de l'intérieur de l'œil vers l'extérieur. Vous éviterez ainsi de faire pénétrer d'éventuelles poussières dans son œil. Si par hasard, les yeux larmoient de façon abondante, il est prudent de consulter un vétérinaire.

Les dents

Profitez du fait que vous avez votre Bichon sous la main pour inspecter ses dents. La carie existe aussi chez eux. Si vous en décelez une, il est sage de la signaler à votre vétérinaire car votre Bichon en souffre probablement. Il existe des pâtes dentifrice réservées aux chiens. Vous pouvez en employer si vous voulez assurer une bonne prévention des caries. Cependant, si votre compagnon a l'occasion de ronger quelque gros os ou bénéficie d'une alimentation de croquettes, cela devrait suffire à éliminer le tartre qui se dépose naturellement sur les dents.

Les ongles

Pour ce qui est de ses ongles, ils devraient normalement s'user suffisamment lors des longues balades que vous ne manquerez pas de faire avec lui. Si cependant ce n'est pas le cas, surveillez bien que leur pousse n'est pas excessive et qu'ils n'entravent ni ses aplombs, ni sa bonne marche. En quel cas, il faut les tailler. Si vous ne savez pas comment faire, il est plus prudent de laisser au vétérinaire le soin d'effectuer cette intervention car vous risqueriez d'endommager la veine qui passe dans son ongle et de provoquer une petite hémorragie.

Votre petit compagnon est propre sous toutes les coutures? Il ne vous reste plus qu'à procéder à son peignage et son brossage habituels. Avant de le laisser aller gambader dans le jardin, attendez un moment afin que sa peau ne soit plus du tout humide. Sinon, votre Bichon risque fort de vous revenir avec un rhume!...

Pour assurer sa descendance

Votre petit Bichon, qu'il soit mâle ou femelle, est conforme au standard, descend d'une belle lignée et vous aimeriez bien qu'il ou elle ait des petits. Quoi de plus normal que de vouloir assurer la descendance d'un compagnon que l'on aime? Attention cependant, si vous voulez faire les choses dans les règles de l'art, vous devrez vous soumettre aux règles en vigueur de la cynophilie. Il est donc indispensable de connaître le règlement de la Fédération canine internationale.

Règlement international d'élevage de la FCI
(Convention de Berne 1979 remplaçant celle de Monaco)

Préambule

1. Les droits et obligations réciproques des propriétaires ou des possesseurs d'étalons et de lices sont déterminés par le Droit national et les règlements pris par les associations d'élevage et par les associations cynologiques nationales, ainsi que par des conventions particulières. Dans le cas où de telles dispositions n'existeraient pas, c'est le règlement international d'élevage de la FCI qui est applicable. Il est recommandé, de façon pressante, aux éleveurs, propriétaires ou possesseurs d'étalons, de déterminer, par écrit, les conditions dans lesquelles se fera la saillie, afin de créer une situation claire en ce qui concerne les obligations financières.

Le règlement d'élevage de la FCI doit être applicable pour tous les cas qui ne sont pas réglés par le droit ou les règlements d'élevage nationaux.

Transport et frais d'entretien de la lice

2. Il est recommandé aux propriétaires de lices d'amener la chienne à saillir auprès du mâle soit personnellement, soit par une tierce personne. Dans le cas où une chienne demeurerait plusieurs jours chez le possesseur de l'étalon, tous les frais en résultant tels que: alimentation, hébergement, soins vétérinaires éventuellement ainsi que les dommages que la chienne viendrait à provoquer à l'installation

d'élevage ou à l'habitation du possesseur de l'étalon, sont à charge du propriétaire de la chienne. Le transport de retour de la chienne s'effectue aux frais de son propriétaire.

Responsabilités

3. En conformité avec les dispositions légales ayant cours dans différents pays, est responsable des dommages pouvant être causés par l'animal, la personne qui, au moment du dommage, assure l'hébergement et les soins de l'animal.

Dans le cas où la chienne demeure un ou plusieurs jours sous surveillance du possesseur de l'étalon, ce dernier est considéré, de par la loi, comme la personne assumant la garde de l'animal, et de ce fait, est responsable des dommages que sa chienne pourrait occasionner à des tierces personnes.

Le possesseur (personne assumant la garde) de l'étalon doit tenir compte de ce qui précède, lors de la conclusion d'un contrat d'assurances personnel en responsabilité civile.

Décès de la chienne

4. Dans le cas où la chienne viendrait à décéder pendant son séjour chez le possesseur de l'étalon, ce dernier s'oblige, à ses frais, à faire constater le décès et sa cause par un médecin vétérinaire.

Il informe, de la manière la plus rapide possible, le propriétaire de la chienne, du décès et la cause.

Dans le cas où le propriétaire désirerait voir la chienne décédée, il ne peut s'y refuser.

Dans le cas où le décès serait occasionné par la faute du possesseur de l'étalon, ce dernier est tenu à prestation de dommages et intérêts envers le propriétaire de la chienne.

Dans le cas où aucune faute ne peut lui être reprochée, il appartient au propriétaire de la chienne de rembourser au possesseur de l'étalon tous les frais en corrélation avec le décès de la chienne.

Choix de l'étalon

5. Le possesseur de l'étalon s'oblige à ne faire saillir la lice que par l'étalon prévu, à l'exclusion de tout autre. Dans le cas où l'étalon ne procéderait pas à la saillie, la lice ne peut être mise en rapport avec un autre étalon qu'avec l'accord du propriétaire. De toute façon, il est interdit de laisser saillir une lice par deux ou plusieurs étalons pendant ses mêmes chaleurs.

Saillie erronée

6. Dans le cas où il y aurait accidentellement, mais non intentionnellement, une saillie par un étalon autre que celui convenu, le possesseur de l'étalon qui a pris la lice sous sa garde

SOCIETE CENTRALE CANINE

pour l'Amélioration des Races de Chiens en France

FÉDÉRATION NATIONALE AGRÉÉE PAR LE MINISTÈRE DE L'AGRICULTURE

(Décret du 26-2-1974, Arrêté du 22-5-1969)

Reconnue d'Utilité Publique

Membre de la Fédération **FCI** cynologique internationale

PEDIGREE

Livre des Origines Français

(L.O.F.)

Inscrit au Registre des Livres Généalogiques du MINISTÈRE de L'AGRICULTURE FRANÇAIS

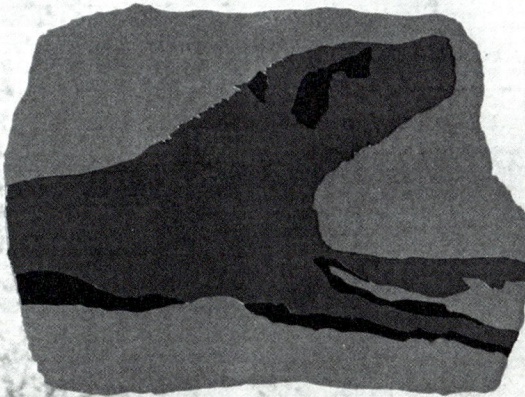

155 Avenue Jean - JAURES - 93535 AUBERVILLIERS CEDEX

(doit obligatoirement être remis en même temps que le chien en cas
de changement de propriétaire)

NOM DU CHIEN:

RACE:

SEXE:

ROBE:

POIL: TAILLE:

NÉ LE: TATOUAGE:

PROPRIÉTAIRE: DÉLIVRÉ A AUBERVILLIERS
                                                     LE:

Enregistré au L.O.F.
sous le N°

Le Président de la S.C.C.
Camille MICHEL

PRODUCTEUR:

GÉNÉALOGIE

Arrière Grand PÈRE   Arrière Grand MÈRE

Grand
PÈRE
Grand
MÈRE

Arrière Grand PÈRE   Arrière Grand MÈRE

PÈRE

MÈRE   Arrière Grand PÈRE   Arrière Grand MÈRE

Grand
PÈRE

Grand
MÈRE

Arrière Grand PÈRE   Arrière Grand MÈRE

Société
Centrale
Canine

POUR L'AMÉLIORATION DES RACES DE CHIENS EN FRANCE
Fédération Nationale agréée par le Ministre de l'Agriculture
(Décret du 26-2-1974 - Arrêté du 22-5-1969)
Reconnue d'utilité publique
155, Avenue Jean-Jaurès - 93535 AUBERVILLIERS CEDEX
LIVRE DES ORIGINES FRANÇAIS
(L.O.F.)

DOSSIER N°:
RÉF. E/A.
ÉMIS LE:

DÉCLARATION REÇUE LE:
PORTÉE INSCRITE LE:
CADRE RÉSERVÉ À LA S.C.C.

DÉCLARATION DE NAISSANCE
(VOIR INSTRUCTIONS DÉTAILLÉES AU VERSO)

A ADRESSER A LA S.C.C. PAR LE PROPRIÉTAIRE DE LA CHIENNE:
• DANS LES 2 SEMAINES SUIVANT LA NAISSANCE
• EN UN SEUL EXEMPLAIRE
• MÊME SI LA SAILLIE EST SANS SUITE

ÉLEVEUR, PROPRIÉTAIRE DE LA CHIENNE:

AFFIXE:
RACE:
DATE DE SAILLIE:
DATE DE NAISSANCE: JJ   MM   AA
NOMBRE DE CHIOTS NÉS: DONT   MÂLES ET   FEMELLES:

CHIENNE

ÉTALON

ADRESSE DE VISITE DE LA PORTÉE ET DE LA CHIENNE SI DIFFÉRENTE DE L'ADRESSE ÉLEVEUR.

JE SOUSSIGNÉE, CERTIFIE LA COMPLÈTE EXACTITUDE DES PRÉSENTES DÉCLARATIONS, ET M'ENGAGE A DONNER TOUTES FACILITÉS AUX CONTRÔLEURS AGRÉÉS PAR LA S.C.C.

DANS LE CADRE DU SERVICE «BANQUE INFORMATION» DE LA S.C.C. LES INFORMATIONS RELATIVES A CETTE PORTÉE SONT SUSCEPTIBLES D'ÊTRE COMMUNIQUÉES AUX ACQUÉREURS ÉVENTUELS DE CHIOTS - MAIS AVEC VOTRE ACCORD - (CONFER VERSO). SI OPPOSITION DE VOTRE PART, ÉCRIRE «NON» DANS CETTE CASE.

SIGNATURE DE L'ÉLEVEUR:

A   le

IMPRIMÉ A RETOURNER A LA S.C.C. MÊME SI LA SAILLIE EST SANS SUITE.

Société Centrale Canine
POUR L'AMÉLIORATION DES RACES DE CHIENS EN FRANCE
Fédération Nationale agréée par le Ministre de l'Agriculture
(Décret du 26-2-1974 - Arrêté du 22-5-1969)
Reconnue d'utilité publique
155, Avenue Jean-Jaurès - 93535 AUBERVILLIERS CEDEX
LIVRE DES ORIGINES FRANÇAIS (L.O.F.)

DOSSIER N°:
RÉF. E/A.
ÉMIS LE:

DEMANDE D'INSCRIPTION DE PORTÉE
AU LIVRE DES ORIGINES FRANÇAIS

CHIENNE

ÉTALON

AFFIXE:
PORTÉE NÉE LE: JJ   MM   AA

A REMPLIR COMPLÈTEMENT ET LISIBLEMENT PAR LE PRODUCTEUR QUI DOIT SE RÉFÉRER AUX INSTRUCTIONS ÉCRITES AU VERSO

NOM DES CHIOTS (en majuscules)	SEXE	CODE	COULEUR DE LA ROBE	POIL	TATOUAGE
1					
2					
3					
4					
5					
6					
7					
8					
9					
10					
11					
12					
13					
14					

NOMBRE DE CHIOTS A INSCRIRE
DROIT D'INSCRIPTION PAR CHIOT
MONTANT DU   F

TABLE DES COULEURS DE LA ROBE DANS LA RACE

CODES	COULEURS	CODES	COULEURS

CI-JOINT ENVOI GROUPÉ
1: □ VOLETS TATOUAGE
   □ RÈGLEMENT PAR:
2: □ CH. BANCAIRE
   □ CH. POSTAL 3 VOLETS
   □ MANDAT-LETTRE
   □ MANDAT-CARTE
Pour accord
l'Éleveur:
A:
LE:

Signature.

SOCIETE CENTRALE CANINE

pour l'Amélioration des Races de Chiens en France

FÉDÉRATION NATIONALE AGRÉÉE PAR LE MINISTÈRE DE L'AGRICULTURE

(Décret du 26-2-74, Arrêté du 22-5-1969)

RECONNUE D'UTILITÉ PUBLIQUE

Membre de la Fédération **FCI** cynologique internationale

LIVRE DES ORIGINES FRANCAIS

(L.O.F.)

Inscrit au Registre des Livres Généalogiques du MINISTÈRE de L'AGRICULTURE FRANÇAIS

CERTIFICAT DE NAISSANCE

Le présent "Certificat de Naissance" ne peut tenir lieu de "Pedigree définitif", lequel sera établi lorsque le chien arrivé à l'âge requis pour sa race aura satisfait à l'examen de confirmation (art. 4 et 5 - 1° - du Décret du 26 février 1974). Le "Pedigree définitif" est obligatoire pour que les produits issus de ce chien puissent obtenir à leur tour un "Certificat de Naissance".

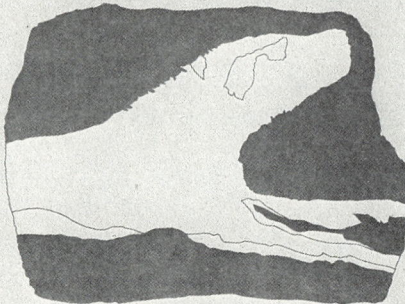

155 Av. Jean Jaurès - 93535 AUBERVILLIERS Cedex

(doit obligatoirement être remis en même temps que le chien en cas de changement de propriétaire)

CASE à remplir par l'Expert Confirmateur de la S.C.C.

(Conjointement avec le formulaire d'Examen de Confirmation)

LIEU DE L'EXAMEN	DÉCISION	MOTIF EN CAS D'INAPTITUDE
	APTE - INAPTE - AJOURNÉ · (rayer la mention inutile)	(où date à représenter en cas d'ajournement)
Date :	à la confirmation.	
	SIGNATURE DE L'EXPERT,	
Nom de l'Expert S.C.C. :		

Si le chien est déclaré "Apte", le propriétaire doit, pour obtenir le "Pedigree définitif" adresser à la Société Centrale Canine, 155 Av. Jean Jaurès, Aubervilliers, le présent certificat de naissance accompagné du formulaire d'examen de confirmation, signé par l'Expert. (Voir instructions au verso du formulaire).

PRIX ET RÉCOMPENSES OBTENUS

_____
_____
_____
_____
_____
_____
_____
_____

PROPRIÉTAIRES SUCCESSIFS

Fédération nationale agréée par le ministère de l'Agriculture

155, avenue Jean-Jaurès - 93535 AUBERVILLIERS Cedex

LIVRE DES ORIGINES FRANÇAIS

INSCRIT AU REGISTRE DES LIVRES GÉNÉALOGIQUES
DU MINISTÈRE DE L'AGRICULTURE FRANÇAIS

SOCIETE CENTRALE CANINE

POUR L'AMÉLIORATION DES RACES DE CHIENS EN FRANCE

Réservé à la S.C.C.

Dossier :

Certificat reçu le :

CERTIFICAT DE SAILLIE

à adresser à la S.C.C. par le propriétaire de la chienne dans les **4 semaines** suivant la saillie

PROPRIÉTAIRE DE LA CHIENNE

N° ÉLEVEUR

NOM   M. Mme Mlle   PRÉNOM

ADRESSE

CODE POSTAL   VILLE

AFFIXE

TÉLÉPHONE :   D'accord pour communication par la S.C.C.   OUI NON   (Rayer la mention inutile)

ADRESSE DE VISITE DE LA CHIENNE SI DIFFÉRENTE DE L'ADRESSE PROPRIÉTAIRE

DATE DE SAILLIE

JOUR   MOIS   AN

PROPRIÉTAIRE DE L'ÉTALON

Nom
Prénom
Rue
Localité
Ville
Code postal

LA CHIENNE

RACE :
N° LOF :
NÉE LE:
NOM :

TAILLE : (*)
ROBE :
POIL :

N° TATOUAGE

* Préciser en centimètres pour les caniches et les spitz

L'ÉTALON

RACE :
N° LOF :
NÉ LE :
NOM :

TAILLE : (*)
ROBE :
POIL :

N° TATOUAGE

* Préciser en centimètres pour les caniches et les spitz

ascendance de la CHIENNE

PÈRE :
N° LOF

MÈRE :
N° LOF

ascendance de l'ÉTALON

PÈRE :
N° LOF

MÈRE :
N° LOF

Pour accord du PROPRIÉTAIRE DE LA CHIENNE qui s'engage par ailleurs à laisser libre accès à son élevage en cas de contrôle par la S.C.C.

A _____ le _____ 19 ____

SIGNATURE

Je certifie l'exactitude des présentes déclarations
LE PROPRIÉTAIRE DE L'ÉTALON

SIGNATURE

ATTENTION — LIRE ATTENTIVEMENT LES INSTRUCTIONS FIGURANT AU VERSO.

PROCESSUS D'INSCRIPTION
AU LIVRE DES ORIGINES FRANÇAIS

Avant toute saillie — il y a lieu de s'assurer que les **2 géniteurs** sont enregistrés définitive-ment au **Livre des Origines Français** (LOF) et sont titulaires du certificat définitif, c'est-à-dire du **Pedigree** (décret du 26.2.1974).

CAS PARTICULIER : si étalon hors de France : confirmation non exigée — joindre photo-copie de son pedigree au présent certificat de saillie.

Dans le cas où un géniteur impliqué dans une saillie n'a pas atteint l'âge de confirmation à la date de la saillie, le dossier sera impitoyablement refoulé et non pas mis en attente. (Décision du Comité de la S.C.C. en date du 14 février 1979).

Le présent Certificat de Saillie doit être adressé à la S.C.C. par le **propriétaire de la chienne** dans les **QUATRE SEMAINES** suivant la saillie.

A la réception, la S.C.C. procède aux vérifications, ouvre un dossier avec attribution d'un **numéro de référence** et vous envoie une liasse* comportant deux volets.

Le premier : appelé **DÉCLARATION DE NAISSANCE** doit parvenir à la S.C.C. dans les DEUX SEMAINES suivant la naissance. Votre dossier est mis à jour.

Le second : appelé **DEMANDE D'INSCRIPTION** sera adressé à la S.C.C. dès que les ani-maux seront tatoués. Il sera dûment complété pour chacun des chiots. Il fera l'objet d'un envoi groupé comprenant :

- Demande d'inscription complète et lisible.
- Les volets ''FICHIER CENTRAL'' des cartes d'identification par tatouage de chaque chiot.
- Le titre de paiement des droits d'inscription.

L'enregistrement au LOF est effectué et les **Certificats** de **Naissance** établis et envoyés au producteur de la portée.

NOTA

Le soin et l'exactitude avec lesquels sont établies et envoyées les pièces consécutives d'un dossier condition-nent directement la rapidité des opérations du ressort de la S.C.C. et l'obtention des documents demandés. Tout dossier, qui au terme de 6 mois n'a pu être régulièrement constitué est atteint par la forclusion — donc classé sans suite.

* Liasse : Un exemplaire obtenu par décalque sera conservé par le producteur, ce qui lui donnera une archive complète de sa portée.

SOCIETE CENTRALE CANINE
pour l'amélioration des races de chiens en France

Fédération Nationale agréée par le ministère de l'Agriculture
Reconnue d'utilité publique

155, avenue Jean-Jaurès - 93535 AUBERVILLIERS Cedex

Réservé à la S.C.C.
Inscrit sous le N°

Le _____

FEUILLE DE DÉCLARATION

pour l'enregistrement au

LIVRE DES ORIGINES FRANÇAIS (LOF)

A TITRE INITIAL

Race _____ Taille _____

Nom du Chien _____ Sexe _____

Date de naissance _____ Nature du poil _____

Couleur de la robe et marques distinctives _____

Propriétaire déclarant : M. _____ Adresse _____

Immatriculation au
Fichier Central
des Animaux de l'espèce Canine

N° [   ]

Tatoué sur l'animal

Je soussigné certifie l'exactitude des présentes déclarations.

A _____ , le _____

Signature du Propriétaire Déclarant :

Examen pour l'inscription au LOF à titre initial.

	APTE (1)	MOTIF
Lieu :		En cas d'Inaptitude :
Date :	Qualificatif	_____
Nom de l'Expert de la S.C.C. :		_____
_____	INAPTE (1) ➡	_____
Signature :		_____
	(1) Rayer la mention inutile.	

Avis de l'Association spécialisée de Race :

Date : Signature :

La mise bas approche

Lorsque la mise bas approche, la chienne change de comportement, semble plus nerveuse surtout si c'est la première fois, plus calme si elle a déjà mis au monde une portée. Une chienne doit généralement porter à peu près neuf semaines après la date de la fécondation. On peut donc s'attendre à la venue des chiots entre le 50e et le 68e jour. Les chiots nés plus tôt sont prématurés et méritent beaucoup plus d'attention. Si le temps de gestation est dépassé de quatre ou cinq jours, il est conseillé de faire appel au plus vite à un vétérinaire.

Pour l'accouchement, la plupart des éleveurs choisissent une caisse remplie de journaux, de linges ou de paille. Lorsque la mise bas est imminente, elle est généralement signalée par l'activité intense de la chienne qui prépare son nid en déchirant les journaux, en tassant la paille ou les linges. Tout juste avant la naissance, l'arrière-train fléchit et la chienne commence à avoir des pertes sanglantes. Si le travail se fait normalement, le premier signe est l'apparition d'une poche d'eau. Généralement, la chienne provoque la rupture de cette poche en la léchant énergiquement. Peu après le premier chiot ne doit pas tarder à apparaître. Si au bout d'une heure ou au plus une heure et demie, le premier chiot n'est pas sorti, il faut appeler le vétérinaire.

Dans la plupart des naissances normales, le chiot arrive la tête la première.

Ce passage de la tête réclame de la mère de grands efforts. Si tout se passe bien, il est préférable de laisser la chienne se délivrer elle-même. Le maître peut cependant surveiller attentivement que tout se déroule correctement et donner du lait chaud à la mère entre deux naissances. L'intervalle entre l'apparition de deux chiots peut varier, de quinze minutes à trois heures. Lorsque la naissance de la portée est terminée, il faut changer la couche de la chienne et l'installer confortablement avec ses petits.

La chienne peut avoir des pertes pendant la semaine qui suit la mise bas, il ne faut pas s'en inquiéter sauf si elles persistent. Une chienne qui nourrit une portée doit être surveillée attentivement. Elle doit être convenablement soignée et protégée de toute intrusion qui risquerait de la perturber. Elle doit demeurer dans un endroit chaud, car la chaleur lui est nécessaire ainsi qu'à ses petits. Trop de chiots nouveau-nés meurent de l'inexpérience du maître face au froid. Il est impératif de maintenir la température au-dessus de 21°C pendant la première semaine. Ensuite, très progressivement, la température pourra être abaissée.

Le bon lait de maman

Dans une portée normale, les chiots trouvent seuls les mamelles de leur mère et s'ils semblent se fatiguer à les chercher, la mère les poussera en leur direction. Si le chiot semble ne pas sa-

Verla, du Fantôme Von Harlekin, vient de mettre au monde sept chiots!

Quelle émotion lorsqu'on fait connaissance avec les bébés de son propre Bichon! Bichons maltais, élevage de Nisjotlal, Josiane Kriegel

voir instinctivement comment faire, vous pouvez l'aider en lui ouvrant la gueule et en y introduisant la tétine suintante de lait. Cela devrait l'inciter à continuer tout seul.

Il faut veiller à ce que la chienne n'ait pas d'excès de lait car elle pourrait souffrir si celui-ci n'est pas extrait. Il faut aussi veiller à la propreté des tétines et s'assurer qu'il n'y a ni crevasse, ni lésion. En quel cas, il faut les nettoyer très doucement et demander au vétérinaire le produit à appliquer.

Lorsque la portée est réduite, il arrive que certaines des mamelles soient négligées par les chiots. Le lait s'accumule et les mamelles abandonnées finissent par durcir et par s'enflammer. Il faut alors procéder à des lavages chauds et des massages à l'huile afin de les ramollir. A ce moment-là, on pourra les vider et encourager les chiots à téter indifféremment toutes les mamelles.

Pour le sevrer

Dès la fin du premier mois, on présentera aux chiots un peu de lait maternisé en poudre, bien sûr reconstitué, dans une soucoupe. On choisira de préférence un moment où les chiots s'apprêtent à téter la mère pour la leur présenter. En leur trempant doucement le museau dedans, ils prendront conscience que la nourriture est la même et commenceront à laper le lait. Progressivement, ils comprendront que lorsque la soucoupe est présente, le lait aussi. En leur donnant une nourriture artificielle de cette façon, ils téteront moins la mère, dont la production de lait va graduellement diminuer.

Peu à peu, on ajoutera à ce lait un peu de viande très finement hachée ou du jus de viande. Ensuite, lorsqu'ils seront habitués au goût de la viande, on pourra ajouter, par exemple aux repas de midi et de seize heures, des bouillies de farine premier âge additionnées de viande toujours hachée finement. Dix jours après le commencement du changement de nourriture, la bouillie du déjeuner et le lait du soir seront remplacés par une purée de légumes à base de lait additionnée de viande hachée. Quinze jours plus tard, les chiots recevront environ dix grammes de viande par jour. Ainsi, toujours très progressivement, le sevrage sera effectué et la production de lait de la mère se minimisera jusqu'à l'arrêt total. Evidemment, il faudra ajouter à l'alimentation de vos chiots tous les éléments nécessaires à leur croissance et au bon développement de leur squelette. Vous êtes en train de construire leur âge adulte et le moindre manque serait irrémédiable pour leur santé. Ces compléments vous seront conseillés par votre vétérinaire et les aliments industriels que l'on trouve sur le marché pour les chiots ne manquent pas. A vous de choisir selon votre préférence une alimentation humide, semi-humide ou à base de croquettes.

Dès qu'il commence à ouvrir les yeux, le bébé Bichon découvre son entourage et apprend à vivre avec ses frères et sœurs. L'instinct de meute s'installe et une hiérarchie commence déjà à s'instaurer. Elevage de Nisjotlal. Josiane Kriegel

Tout petit déjà...

Votre maman Bichon ne se contente pas seulement d'allaiter sa portée. Elle transmet, à la fois par ses chromosomes et par ses réactions, ses propres attitudes à ses petits; en effet, les chiots adoptent tout naturellement le comportement de leur mère, ils calquent leurs réactions aux siennes... Si elle aboie à tout moment, ils vont s'essayer à faire pareil. Si elle craint ses congénères, il y a de fortes chances pour qu'ils se sauvent en voyant un autre chien. Si elle est du genre fugueux, elle va rapidement leur apprendre comment faire pour prendre la poudre d'escampette!... Si elle est agressive, ils vont s'identifier à elle et commenceront à grogner... et bientôt à mordre!...

A vous, par conséquent, de faire en sorte que votre maman Bichon soit tranquille et confiante et vos chiots auront toutes les chances d'être équilibrés.

La maturation mentale du chiot se déroule en trois phases:

— la période néo-natale, de la naissance à l'âge de deux semaines;
— la période d'éveil, jusqu'à la fin du premier mois d'existence;
— la période de socialisation qui se termine entre la douzième et la quatorzième semaine.

A vous donc de bien surveiller les chiots afin qu'ils soient calmes et équilibrés par la suite, que vous les gardiez ou non. Faites-leur découvrir le plus de choses possible qu'ils risquent de rencontrer dans leur vie d'adulte. Habituez-les au bruit, aux visites d'étrangers, au calme aussi... Sanctionnez (la voix doit suffire) tout excès d'aboiement si quelqu'un vient chez vous. Commencez aussi leur éducation pour la propreté, les futurs acquéreurs vous en seront reconnaissants!

Par contre, lors de leurs jeux ou de leurs simulations de combats, n'intervenez pas; ils ne vont pas se tuer, ils sont simplement en train d'apprendre la vie en instaurant entre eux une sorte de hiérarchie; ce qu'ils feront d'ailleurs, adultes, lorsqu'ils rencontreront leurs congénères. Seulement, à ce moment-là, ils n'auront plus besoin de se battre pour le savoir.

L'éducation que vous leur aurez donnée et le calme et la confiance en soi que vous leur aurez transmis seront suffisants...

Quatre bébés s'éveillent à la vie... Bichons maltais de Nisjotlal. Josiane Kriegel

Le Bichon: chien idéal en société

Lorsque l'on habite en ville, on se demande s'il est bien raisonnable d'avoir un chien. Sera-t-il heureux? Ne souffrira-t-il pas d'être enfermé? Une promenade quotidienne dans le parc voisin lui suffira-t-il? Bien sûr, il est bon de se poser ce type de questions avant d'envisager l'acquisition d'un chien. Cela permet de bien choisir sa race. Evidemment il semble difficile de conseiller à un citadin la compagnie d'un Montagne des Pyrénées. Mais un Bichon… Comment ne pourrait-il pas s'adapter à une vie près de son maître, où il pourra somnoler tout à son aise sur quelque moelleux sofa…

Bien sûr, il ne faut pas oublier que, s'il est de petite taille, il n'en a pas moins besoin d'exercice et que quelques joyeuses balades en compagnie de son maître ne pourront lui être que bénéfiques tant sur le plan physique que moral. Cependant, même si un Bichon ne semble pas être un animal encombrant, il convient tout de même de respecter quelques règles élémentaires pour que la vie en société soit harmonieuse.

Pour que la présence des chiens en ville ne soit pas une calamité pour ceux qui ne les affectionnent pas particulièrement, il convient de respecter quelques règles de bienséance élémentaires.

Tout d'abord, le charmant animal ne doit pas, en maintes occasions, aboyer sans cesse et particulièrement à certaines heures nocturnes où tout un chacun aspire à un repos réparateur. Votre Bichon devrait comprendre assez rapidement que le fait d'aboyer ou de jouer les sentinelles un peu trop zélées ne vous comble pas d'aise.

De la même façon, qu'un chien soit familier, sociable, est généralement apprécié par ceux qui s'y intéressent; mais l'on ne peut pas en dire autant de ceux qui estiment que la présence des chiens en ville devrait être interdite! Il faut donc que vous tempériez les élans de sympathie de votre compagnon, ils ne seraient pas très bien accueillis, surtout si ses petites pattes sont maculées de terre et qu'il choisit de dire justement bonjour à la voisine du dessous qui s'habille toujours en blanc! De même, un jeune enfant peut être

Elevage du Fantôme Von Harlekin, M. et Mme Perrin-Motoko. Un Bichon et son maître, une relation privilégiée faite de complicité, de rires, de tendresse...

effrayé par cette petite boule de poils qui arrive joyeusement en trombe vers lui. Bien sûr, le Bichon n'a pas la moindre once d'agressivité mais ses épanchements d'amitié soudaine pourraient engendrer quelques incidents et c'est donc à vous de les modérer.

Il est également important que vous respectiez les lois en vigueur pour la circulation de votre chien dans la ville. A certains endroits, il devra absolument être tenu en laisse alors que d'autres lieux lui sont réservés pour s'ébattre en toute liberté. Pour réussir une cohabitation harmonieuse, il est donc important de tenir compte de certains conseils concernant la conduite à tenir lors d'une promenade dans les rues de votre ville.

Les Bichons bolognais d'Italie, élevage Del Leone Fiammingo. Josiane Kriegel

Ci-dessous à gauche: plus votre bébé Bichon sera soumis à diverses situations, mieux il s'adaptera à sa vie future. Chiot maltais de un mois et demi, élevage du Fantôme Von Harlekin, M. et Mme Perrin-Motoko

Ci-dessous à droite: Dynamite, sept mois, de l'élevage de Nisjot-lal. Josiane Kriegel

Bichon havanais. (photo C. Baziret)

Bichon frisé (photo C. Baziret)

Ci-dessus: deux Bichons havanais bien sages. Elevage du Fantôme Von Harlekin, M. et Mme Perrin-Motoko

Câlin à l'extrême, le Bichon s'accommode avec plaisir des caresses... du chat de la maison. Eliane Capendu «Les Vents d'Altaï»

Il vous reste ensuite à obtenir de votre Bichon qu'il ne satisfasse pas à ses besoins naturels à n'importe quel endroit, sur les trottoirs, les plate-bandes, les terrains de jeux ou les espaces réservés aux jeux des enfants. Certaines villes désormais, pour pallier la démesure de la pollution canine urbaine, appliquent des mesures draconiennes en infligeant des amendes aux maîtres peu scrupuleux qui laissent leur compagnon faire ses besoins où bon lui semble.

Si chaque maître veillait à apprendre le caniveau à son chien ou du moins ramassait les excréments de son chien, de telles extrémités n'auraient pas été employées.

«Mais où est mon maître dans cette forêt de jambes?» (photo C. Baziret)

Le Bichon frisé est très sociable et ne refuse pas la compagnie d'autres animaux, même celle d'un chat! Eliane Capendu «Les Vents d'Altaï»

Voyager avec lui

Les transports en commun

Pour les transports en commun urbains, aucune réglementation à l'échelle nationale n'existe. Dans chaque ville, chaque compagnie a son propre règlement qui accepte, interdit ou tolère la présence des chiens à titre gracieux ou payant.

Dans les autobus
Le Bichon sera accepté sur toutes les lignes d'autobus à condition qu'il soit maintenu dans un sac, une cage ou un panier. En ce cas, il voyagera gratuitement. Si vous ne respectez pas la condition du sac, l'agent de la RATP pourra soit vous demander une participation pour son transport ou, si vous ne voulez pas payer, vous inviter à descendre de l'autobus.

Dans le métro
Les chiens sont acceptés sur toutes les lignes de métro s'ils sont transportés dans un sac ou un panier clos. En théorie, ce panier doit être placé sur les genoux du maître ou, si cela est possible, sous le siège, afin de ne pas gêner les autres voyageurs. En respec-

tant ces conditions, votre Bichon voyagera gracieusement. La réglementation du RER est, quant à elle, plus souple. Les chiens, quels qu'ils soient, peuvent voyager gracieusement en laisse ou dans un bagage. Cependant, le voyage devra être effectué de préférence durant les heures creuses, c'est-à-dire entre 9 heures et 17 heures et obligatoirement sur la plateforme dégagée et couverte, située juste derrière la cabine du mécanicien. En dehors de ces horaires, votre Bichon pourra accéder aux transports en RER dans les mêmes conditions que dans le métro.

En taxi

Le chauffeur du taxi que vous aurez choisi ou qui sera disponible n'est en aucun cas obligé d'accepter votre Bichon dans son véhicule et cela pour diverses raisons. Tout d'abord, il peut tout simplement ne pas affectionner particulièrement les chiens ou craindre que votre compagnon ne salisse ou détériore son taxi. Même si le Bichon reste sagement sur vos genoux ou dans un panier, il peut ne pas admettre sa présence. Cependant, il suffit généralement d'être vous-même très poli et convaincant pour obtenir son accord. D'autres chauffeurs de taxi peuvent aussi refuser car ils ont eux-mêmes un chien qui les accompagne en permanence et qui ne tolère pas que d'autres chiens pénètrent dans sa propriété. Dans un cas comme dans l'autre, vous n'aurez plus qu'à trouver un chauffeur de taxi qui accepte votre compagnon.

En train

La SNCF accepte que votre compagnon circule en train avec vous. Cependant, il vous faudra le maintenir durant le voyage dans un panier ou dans un sac. Vous pourrez toujours, en demandant l'avis des voyageurs de votre compartiment, laisser votre compagnon en liberté par la suite sauf si, bien entendu, vous savez pertinemment qu'il va sauter sur les genoux de tout le monde ou aboyer à fendre l'âme parce qu'il est effrayé...

En bateau

Pour pouvoir être accepté en bateau, votre chien devra être à jour de ses vaccinations. Si c'est le cas, il aura le droit de partager votre cabine et vous aurez la possibilité de le promener sur le pont du bateau à certaines heures. Il est toutefois nécessaire de se renseigner, avant le départ, auprès de la compagnie que vous avez choisie, dont le règlement peut être particulier.

En avion

Théoriquement, si le commandant ne s'y oppose pas, votre Bichon pourra vous accompagner sur les lignes aériennes. Vous pourrez le garder avec vous dans un sac ou dans un panier puisqu'il est de petite taille. Pensez cependant à demander conseil à votre vétérinaire pour lui administrer un léger sédatif. Ce dernier, en effet, palliera à l'éventuel malaise que pourrait ressentir votre compagnon au décollage et à l'atterrissage.

Vacances avec le Bichon

Votre compagnon a aussi le droit à ses vacances. Elles seront pour lui, s'il vous accompagne, l'occasion de renforcer la complicité qui existe déjà entre vous et peut-être, pour vous, l'occasion de remettre au point quelques détails de son éducation. Mais pour cela, il faut que votre Bichon sache se comporter correctement en tout lieu et ne cause aucune gêne pour personne. Par contre, vous risquez de vous heurter, selon le mode de vacances que vous aurez choisi, à quelques interdictions ou obligations le concernant.

A l'hôtel

Si vous prévoyez de passer vos vacances à l'hôtel, il est prudent de vous renseigner au préalable auprès de l'établissement que vous avez choisi afin de savoir si votre compagnon sera accepté. Combien de maîtres, persuadés que leur petit chien est sage et peu encombrant, ne prennent pas la précaution d'avertir l'hôtelier qui, justement, échaudé par des «clients canins» un peu trop turbulents ou dévastateurs, refuse tout bonnement et simplement leur présence… Quelle solution alors s'offre au maître désorienté si ce n'est celle de faire dormir son chien dans la voiture ou de passer outre l'interdiction de l'hôtelier et de monter en douce l'animal dans la chambre, le soir venu. Ce qui n'est en aucun cas une solution…

Lorsque vous réserverez votre séjour à l'hôtel, demandez l'autorisation d'emmener votre compagnon, tout en précisant qu'il est de petite taille, qu'il n'est pas agressif et qu'il n'aboie pas à la moindre occasion. Ajoutez qu'il ne monte jamais sur les lits mais s'accommode parfaitement de son panier habituel. Il y aura alors très peu de chances pour que le directeur de l'établissement vous refuse la présence de votre Bichon.

Lors de votre arrivée à l'hôtel, afin de confirmer la véracité de vos dires téléphoniques, présentez votre compagnon à l'hôtelier en évitant, bien sûr, de le laisser trottiner avec des pattes dégoulinantes d'eau ou, pire, de boue!… Dans la chambre qui vous a été réservée, ne laissez pas votre Bichon commettre les pires bêtises: se vautrer sur le lit, dévorer le tapis ou prendre l'oreiller pour la balle de service… Si vous devez vous absenter pendant un long moment, abandonnez aussi l'idée de laisser le chien seul dans la chambre. Même s'il fait preuve d'une sagesse exemplaire, il peut être désorienté dans cet endroit inconnu et tromper sa solitude en dévorant quelque objet intéressant à ses yeux. Si, malgré tout, un incident de cette sorte se produit, ne partez pas sans le signaler et sans payer les dégâts causés. Ce principe élémentaire est trop souvent négligé, et on comprend que les hôteliers refusent la présence des chiens dans leur établissement…

Au restaurant

Si, lors de votre périple estival, vous décidez de vous arrêter dans un «bon restaurant», tâchez de vous présenter à des heures raisonnables afin de pouvoir vérifier que votre Bichon y sera accepté. Demandez gentiment au restaurateur si votre chien peut rester avec vous, en précisant qu'il se couchera sous la table et ne gênera en aucun cas le bon déroulement du service.

Il faut reconnaître qu'il est vraiment désagréables que le décor, la tranquillité, la renommée d'un restaurant soient atteints par des chiens turbulents, dévastateurs, grincheux qui transforment le plaisir de la table en un véritable calvaire!... De la même façon, évitez que votre Bichon ne se couche justement à l'endroit de passage du serveur ou qu'il accueille, chaleureusement certes mais un peu trop familièrement, les clients qui viennent d'arriver. Ces derniers n'ont peut-être pas envie d'assumer les élans d'affection de votre petit compagnon...

Location à la campagne

Pour vos vacances, vous avez opté pour la formule location de la maison de campagne. C'est une très bonne idée mais, après avoir vérifié auprès des propriétaires que vous pouvez emmener votre compagnon, regardez bien si le jardin est clos car votre Bichon ne doit pas pouvoir s'enfuir, même s'il a l'âme vagabonde. En effet, le garde-champêtre ou le garde-chasse pourrait très bien vous dresser un procès-verbal si votre Bichon était surpris en train de divaguer; vous pourrez toujours invoquer que votre Bichon n'est pas un chien de chasse, la loi, c'est la loi!

Quoi qu'il en soit, il est plus prudent que vous accompagniez votre Bichon durant ses promenades; vous éviterez ainsi qu'il ne se perde ou qu'il ne mange un appât empoisonné. Théoriquement, il devra être tenu en laisse, mais cette mesure n'est pas obligatoire si votre Bichon vous écoute correctement. Cela signifie que vous êtes en mesure de prouver au garde que votre chien revient dès que vous le rappelez. En fait, il ne doit pas aller au-delà de la portée de votre voix, il serait alors considéré comme un chien errant. Le code rural est très sévère à cet égard ainsi que l'indique l'article 213:

«Les maires peuvent prendre toutes dispositions propres à empêcher la divagation des chiens et des chats. Ils peuvent ordonner que les chiens soient muselés. Ils prescrivent que les chiens et les chats errants et tous ceux qui seraient trouvés sur la voie publique, dans les champs ou dans les bois, seront conduits à la fourrière et abattus si leur propriétaire reste inconnu et s'ils n'ont pas été réclamés par lui: l'abattage est réalisé dès l'expiration d'un délai de quatre jours ouvrables et francs après la capture. Dans le cas où ces animaux sont identifiés par le port d'un collier sur lequel figurent le nom et le domicile de leur maître ou par tout autre procédé défini par arrêté du ministre compétent, le délai d'abattage est porté à huit jours».

Heureusement, tout récemment, le délai a été rallongé, mais il est bien plus prudent de veiller sur son Bichon et ne connaître jamais l'angoisse de rechercher son petit compagnon en tout lieu. La réglementation du code rural est adaptée à chaque commune. Il est donc conseillé de connaître celle adoptée par la commune où vous allez séjourner.

Par ailleurs, des dispositions particulières sont appliquées dans les départements où sont signalés des cas de rage. Si votre Bichon n'était pas vacciné, ce qui n'est guère prudent, vous seriez contraint de le promener en laisse et muselé comme le précise l'article 8 du décret n° 76-887:

«Dans les territoires déclarés atteints par la rage, les propriétaires ou détenteurs de chiens peuvent les laisser circuler librement sous leur surveillance directe, à condition d'être en mesure de présenter, à toute réquisition de l'autorité investie des pouvoirs de police, un certificat de vaccination antirabique valablement établi et en cours de validité. Les chiens non vaccinés doivent être tenus en laisse et muselés».

Lors de votre départ en vacances, où que vous alliez, n'oubliez donc pas d'emporter tous les papiers concernant votre Bichon: sa carte de tatouage, son carnet de vaccination où seront notées toutes les vaccinations et mises à jour avant votre départ. Pensez aussi à vous munir d'une trousse à pharmacie afin de parer à tout incident. Celle-ci devra contenir un antiseptique, un antalgique, un sédatif léger, un garrot, des compresses de gaze, du sparadrap et un vaccin contre les morsures de vipère. A ce matériel, ajoutez quelques objets ou jouets que votre Bichon connaît: la balle ou l'os en caoutchouc qu'il préfère, sa corbeille ou sa couverture sur laquelle il dort habituellement. Ainsi, votre Bichon ne sera pas trop dépaysé dans ce nouveau lieu de vacances.

Une pension pour l'accueillir

Vous ne pouvez peut-être pas emmener votre compagnon avec vous. En ce cas, vous devrez choisir une solution où il ne souffrira pas trop de votre absence. Vous pouvez le confier à des amis complaisants mais informez-les avec précision de tous les inconvénients qu'ils risquent de rencontrer. Dites-leur tout: que votre Bichon est un peu fugueur lorsque vous êtes absent, qu'il n'aime pas trop la compagnie des chats, des autres chiens ou des enfants. Donnez-leur le maximum d'informations afin qu'ils n'aient aucun problème.

Vous pouvez aussi vous adresser à un nouveau système de garderie à domicile. Des organismes proposent en effet des personnes chargées de garder votre chien à votre domicile. Cela permet d'avoir quelqu'un en permanence chez vous, ce qui découragera d'éventuels cambrioleurs. La personne chargée de la surveillance de votre chien sera tenue de le promener et ne refusera pas d'arroser vos plantes.

Vous pouvez enfin vous adresser à une pension canine. Par contre, vous devrez réserver la place de votre compagnon à l'avance car les pensions sont souvent pleines durant les périodes de vacances. Pour la choisir, vous pouvez soit écouter les conseils d'amis satisfaits ou tout simplement aller visiter celles qui sont proches de chez vous. Vous pourrez demander à voir les locaux et à connaître le mode de vie réservé aux clients-chiens. Refusez de confier votre animal à une pension qui ne s'inquiète pas des vaccinations de votre Bichon. Si l'on ne vous les demande pas, cela signifie qu'on ne l'exige pour personne. Ceci laisse supposer que votre compagnon court le risque d'être atteint, lors de son séjour, par diverses maladies colportées par ses congénères.

Il sera peut-être champion

La Société centrale canine

De nombreuses associations ont été créées dans le monde entier, dans le but de promouvoir la cynophilie et inscrire les chiens de race sur les registres appropriés: les « Livres généalogiques ». Certaines de ces associations nationales sont regroupées au sein d'une organisation internationale, la Fédération cynologique internationale de Thuin (Belgique). La FCI a pour vocation de coordonner et de présider les activités des sociétés cynophiles de chaque pays.

En France, l'association chargée de promouvoir l'amélioration des races canines, de gérer la réglementation et d'encourager l'activité sportive est la Société centrale canine (155, av. Jean Jaurès - 93535 Aubervilliers Cedex). Cette association s'efforce de favoriser le développement de l'élevage des chiens de race et assure de multiples activités administratives et culturelles. Le rôle de la SCC est d'enregistrer les naissances, de vérifier si les chiens concernés correspondent bien au standard de leur race et de délivrer le pedigree. En outre, la SCC assure la mise à jour des listes d'éleveurs ainsi que la sponsorisation et la réglementation des expositions.

La Société centrale canine regroupe les sociétés canines et régionales qui organisent des concours et des expositions, et assurent par leurs informations le développement de l'élevage canin de race et les clubs de race. Ceux-ci se consacrent à l'amélioration et à la promotion d'une race déterminée dont ils fixent le standard, surveillent la qualité des chiens produits par les éleveurs. Pour le Bichon, le club concerné est le Club des Bichons et des Petits chiens Lions, dont la présidence est assurée par Mme Gelineau, 45, rue de la Guignière, 36300 Le Blanc. Lorsque vous désirerez faire saillir votre chienne Bichon ou chercherez une femelle pour votre étalon, vous vous adresserez d'une part à la Société centrale canine et d'autre part, au Club du Bichon et des Petits chiens Lions. Ainsi, vous serez mis en contact avec des propriétaires de Bichons de qualité. Lorsque vous aurez le mâle ou la femelle qui convient et que la saillie sera effectuée, vous devrez renvoyer à la Société centrale canine le certificat de saillie dans les quatre semaines suivant celle-ci. Dès réception, la SCC vous adressera un imprimé comprenant deux volets: la déclaration de naissance à renvoyer dans les deux semaines suivant la mise bas, et la demande d'inscription de portée qui sera renvoyée dès que les chiots seront tatoués. A réception du dossier, les chiots seront inscrits à titre provisoire au Livre des origines français (LOF), et la Société centrale canine renverra un certificat de naissance pour chacun des chiots. Ce certificat de naissance, qui ne tient pas lieu de pedigree définitif, sera validé lorsque le chien aura été présenté et accepté à la confirmation.

La confirmation

Pour pouvoir être reconnu apte à la confirmation, votre Bichon devra être tatoué et immatriculé au fichier central de la SCC et reconnu capable d'entretenir ou améliorer les qualités

Présenter son Bichon en exposition, c'est déjà tout un art!... Bichon maltais, élevage de Nisjotlal.
Josiane Kriegel

Ci-dessus: lorsqu'on est champion de plusieurs pays et vice-championne du Monde (Amsterdam), on peut se permettre d'avoir «la classe»... April, du Fantôme Von Harlekin. M. et Mme Perrin-Motoko. Élevage du Fantôme Von Harlekin, championne de France, du Luxembourg, de Belgique, de Bundessieger et de Udh (RFA)

Calme et serein, le Bichon attend tranquillement l'heure d'être présenté au juge de l'exposition... Un CAL, un CKS ou un CACIB lui sera peut-être décerné! Bichon maltais, élevage de Nisjotlal. Josiane Kriegel

DOIT ÊTRE PRÉSENTÉ
AVEC LE CERTIFICAT DE NAISSANCE
ET LA CARTE DE TATOUAGE

SOCIETE CENTRALE CANINE
155, avenue Jean Jaurès — 93535 AUBERVILLIERS CEDEX

FORMULAIRE D'EXAMEN DE CONFIRMATION
(Voir instructions au verso)

(Décret n° 74-195 du 26 février 1974)

Réservé à S.C.C.

SPECIMEN

A) - IDENTITÉ rapportée d'après le certificat de naissance par le propriétaire

RACE : _____

N° L.O.F. : _____

Nom du chien : _____

SEXE : _____ N° TATOUAGE RÉFÉRENCÉ FICHIER CENTRAL : _____

Couleur de la robe : _____

Nature du poil : _____ Taille : _____

Date de naissance : _____

PÈRE DE L'ANIMAL : N° L.O.F. : _____

Nom du chien : _____

MÈRE DE L'ANIMAL : N° L.O.F. : _____

Nom du chien : _____

B) - DEMANDE (A remplir par le propriétaire)

Je soussigné : M., Mme, Mlle

Nom : _____

Prénom : _____

Adresse : _____

Code Postal   Ville

Certifie être propriétaire du chien ci-dessus identifié et demande qu'il subisse l'examen en vue de sa confirmation.

TRÈS IMPORTANT	*Signature,*
En aucun cas, ne séparer les 2 feuillets pour l'envoi à la S.C.C.	

C) - CERTIFICAT (A établir par l'expert de la S.C.C.)

Je soussigné : _____

Expert de la S.C.C., certifie avoir examiné le chien ci-dessus identifié et le déclare :

APTE - (TRÈS BON - BON - ASSEZ BON)

INAPTE - (Rayer les mentions inutiles)

CODE COULEUR _____

MOTIF : en cas d'INAPTITUDE (à reporter sur le certificat de naissance) : _____
_____
_____

Lieu : _____ Date : _____

EN CAS D'APTITUDE	*Signature,*
ce certificat est valable UN AN	

de la race. Il faut donc qu'il soit conforme aux normes du standard fixé par le Club du Bichon de France. L'examen de confirmation se déroule généralement lors d'une exposition canine ou d'une exposition nationale d'élevage organisée par le club. La confirmation est destinée à conserver le type de la race, donc à empêcher la transmission des défauts héréditaires. En écartant ainsi les sujets à défauts, elle permet de faire progresser la qualité moyenne des Bichons inscrits au Livre des origines français. C'est donc une garantie pour l'acheteur d'un chiot lorsque ses deux parents sont confirmés.

Pour que l'examen de confirmation

de votre Bichon se déroule dans les meilleures conditions, il vous faut le préparer à exécuter correctement quelques épreuves. Tout d'abord, il doit marcher correctement en laisse sans tirer en tous sens, ce qui déprécierait immédiatement l'avis du juge. Evitez de le faire confirmer pour l'instant si vous savez qu'il se précipite, tous crocs dehors, sur le premier venu de ses congénères ou s'il est du style aboyeur à outrance. En fait, si votre Bichon a reçu une bonne éducation de base, vous ne devez pas avoir de problèmes.

Lorsque vous présenterez votre chien pour l'examen, l'expert-confirmateur vous demandera de marcher dans un ring, en sens inverse des aiguilles d'une montre. Il faut donc que vous l'habituez dès maintenant à le tenir en laisse de la main gauche. Vous pouvez tout à fait préparer cet entraînement en marchant et trottinant en rond dans votre jardin, votre Bichon en laisse.

L'expert-confirmateur regardera aussi la dentition de votre protégé. Il faut donc que vous le prépariez à se laisser manipuler par un étranger. Demandez à l'un de vos amis de simuler cet examen, puis à un autre afin que votre Bichon ne soit pas effrayé le jour de la confirmation. De la même façon, si

Buddy, de l'élevage du Fantôme Von Harlekin. Quel plaisir pour l'éleveur de voir un sujet issu de son élevage devenir champion international Hollande! Propriétaire, M. Middag (Pays-Bas)

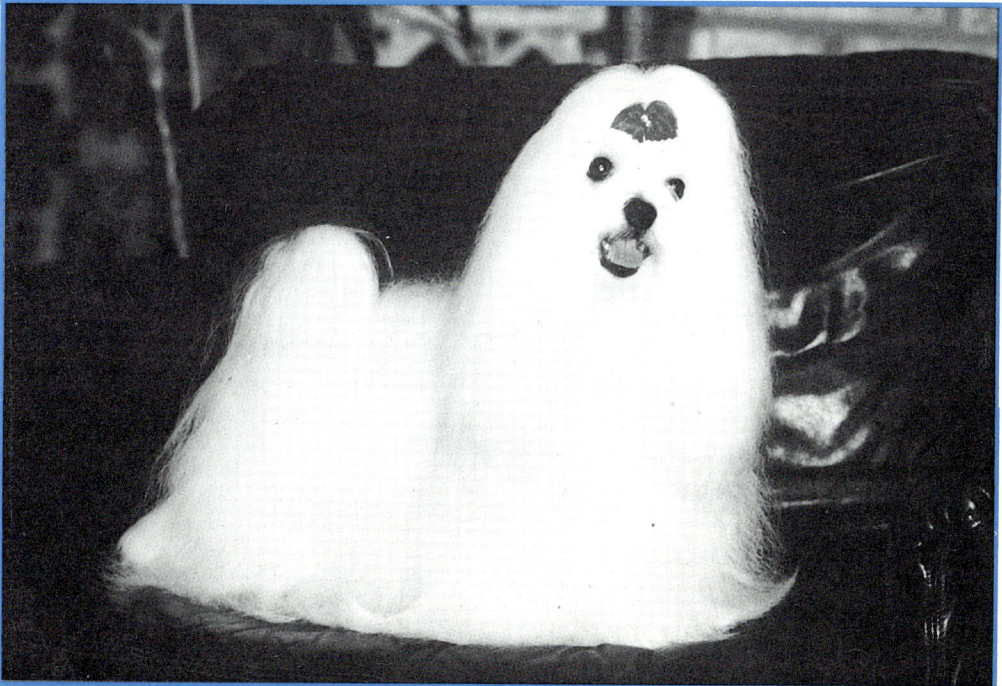

votre Bichon est un mâle, vous devrez l'habituer à ce qu'un étranger touche ses testicules. En effet, l'expert-confirmateur vérifiera que les deux soient bien présents et descendus.

Si le numéro de tatouage de votre compagnon n'est plus très lisible, car les poils l'ont recouvert, il vaux mieux raser cet endroit. Ainsi l'expert-confirmateur ne perdra pas de temps à essayer de déchiffrer ce numéro.

Lorsque le jour de la confirmation arrive, faites en sorte que votre Bichon soit propre, bien peigné, que son poil ne présente aucun nœud. Plus votre Bichon sera agréable à l'œil, plus il se fera remarquer...

Le jour J arrivé, n'oubliez surtout pas d'emporter le certificat de naissance, le formulaire d'examen de confirmation, la carte de tatouage et le carnet de santé. Arrangez-vous pour arriver avant l'heure que l'on vous a indiquée afin de reconnaître les lieux, de détendre votre Bichon (et vous-même), et de donner le dernier coup de peigne pour que votre chien soit au mieux de sa forme.

Si la confirmation vous est accordée, vous devrez envoyer rapidement à la Société centrale canine, le formulaire d'examen de confirmation, où l'expert-confirmateur aura inscrit et signé la mention «apte». A ce formulaire, vous ajouterez le certificat de naissance. Après avoir procédé aux vérifications, la Société centrale canine procédera à l'inscription définitive du Bichon et vous enverra le «pedigree». Celui-ci mentionnera la généalogie du chien (environ quatre générations), son numéro de tatouage, la mention de sa race, son nom, la description de sa robe, le nom de l'éleveur et celui du propriétaire, l'affixe de l'élevage dont il provient et un numéro d'inscription définitif au Livre des origines français. N'égarez surtout pas ce pedigree, c'est la carte d'identité de votre chien, il vous sera indispensable si vous voulez participer à des expositions canines ou si vous voulez assurer une descendance à votre Bichon.

L'affixe, indication qui figure après le nom usuel du Bichon, est la marque de l'éleveur qui a fait naître le chien. Elle est sa propriété exclusive et est déposée à la Fédération cynologique internationale.

Se préparer à l'exposition

Votre petit compagnon est confirmé, l'expert-confirmateur vous a même précisé que vous aviez un beau sujet... Alors, pourquoi ne pas tenter de présenter votre Bichon lors d'expositions canines? Et s'il devenait champion? Pour juger de sa réelle beauté, il existe quatre certificats représentés par des cartons de couleur différente.

• «Assez bon», de couleur jaune; ce certificat prouve que votre Bichon a bien le type de sa race mais qu'il ne possède pas de remarquables qualités.

• «Bon», de couleur verte; il signifie que votre Bichon n'a aucun défaut.

• « Très bon », de couleur bleue; il signifie que votre Bichon est d'une qualité supérieure.

• « Excellent », de couleur rouge; ce certificat vous ouvre la porte à tous les espoirs. Il veut dire que votre Bichon est un sujet de grande qualité qui ne présente absolument aucun défaut. Vous pouvez alors aspirer à l'attribution d'un certificat d'aptitude aux championnats de beauté, qui sont au nombre de quatre.

RCAC — Réserve de certificat d'aptitude au championnat de beauté: décerné à un sujet de très bonne qualité, ce certificat est attribué au chien distancé par celui qui a obtenu un CAC. Avec ce certificat, vous allez pouvoir présenter votre Bichon à toutes les expositions nationales et internationales et à toutes les « spéciales de race ».

CAC — Certificat d'aptitude au championnat de beauté: obtenu si votre Bichon a reçu un premier prix

Bichon frisé en exposition (photo C. Baziret)

Pas de panique, Texel de l'élevage du Fantôme Von Harlekin (Bichon frisé) est déjà champion international, il ne peut qu'obtenir un prix de plus!

«Excellent», ce certificat permet de prétendre au titre de champion national de beauté lors de concours nationaux ou internationaux.

RCACIB — Réserve de certificat d'aptitude au championnat international de beauté: ce certificat est attribué au deuxième meilleur chien après celui qui a obtenu le CACIB si celui-ci est exceptionnel.

CACIB — Certificat d'aptitude au championnat international de beauté: ce titre prestigieux vous permet tout simplement d'accéder au titre de champion international de beauté. Tous les espoirs sont permis!…
Peut-être votre Bichon ne pourra-t-il pas prétendre à ces superbes titres, peut-être n'obtiendra-t-il que son pedigree?… Tant pis, mais en tout état de cause, même si vous êtes très déçu,

ne vociférez pas lors du jugement: «Pourtant, il est bien plus beau que celui qui a été choisi...» ou bien «Le jugement a été fait n'importe comment!...» Déjà, il est inutile de se faire remarquer pour son manque de politesse et pour son esprit «mauvais joueur», mais en plus, les juges et experts de la race sont tout de même plus aptes à juger que vous! Soyez beau joueur, remerciez le juge et demandez-lui, par contre, sur quels points votre Bichon a été mal jugé. Si la raison pour laquelle votre Bichon n'a pas été retenu est due à ses attitudes ou à son caractère, vous pouvez alors espérer qu'il sera reçu l'année suivante. Mais il sera nécessaire de l'entraîner régulièrement.

Si c'est pour une mauvaise forme générale, cela ira peut-être mieux la prochaine fois... En fait, si cela est dû à des défauts non conformes au standard et ne pouvant évoluer, et bien abandonnez l'idée de voir un jour votre Bichon champion. Ce n'est tout de même pas cela qui va vous empêcher de l'aimer!...

Annexes

Prix pratiqués pour chaque variété de Bichons et le Coton de Tulear

Bichon maltais: de 4 000 à 6 000 F.

Bichon frisé: de 3 500 à 4 500 F.

Bichon havanais: de 6 000 à 8 000 F.

Bichon bolognais: de 4 000 à 6 000 F.

Petit chien Lion: de 4 000 à 4 500 F.

Coton de Tulear: de 5 000 à 6 000 F.

Le club des Bichons et du Petit chien Lion

Présidente: Madame Gelineau
45, rue de la Guignière
36300 Le Blanc
Tél.: (16) 54.37.17.36

1re vice-présidente: Madame Darolt
62, rue du Château d'Eau
44400 Reze

2e vice-présidente: Madame Farque
94, bd Victor Hugo
92000 Neuilly-sur-Seine

Société centrale canine

155, avenue Jean Jaurès
93535 Aubervilliers
Tél.: 49.37.54.00

Pour tout savoir sur le comportement, l'éducation, les soins, la santé, les maladies, les problèmes qu'il peut poser et les solutions que l'on peut apporter. Toutes les adresses canines:

Revue Atout chien
B.P. 205
78003 Versailles Cedex
Tél.: (1) 39.49.95.95

Si vous voulez l'assurer:

Assurances Concorde
75443 Paris Cedex 09
Tél.: (1) 42.80.66.00

Pour son toilettage et sa beauté:

Jean-Pierre Héry
16 (40) 89.38.56

Pour son transport:

Taxi Canine
Tél.: (1) 45.85.12.74

Dog-Transport
Tél.: (1) 39.73.91.04

TABLE DES MATIERES

Editions De Vecchi

LES LIVRES DE VOTRE VIE

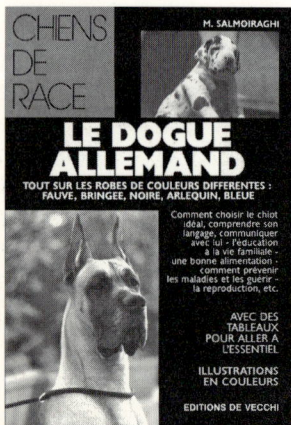

Editions De Vecchi

LES LIVRES DE VOTRE VIE

Editions De Vecchi

LES LIVRES DE VOTRE VIE

LE COTON DE TULEAR

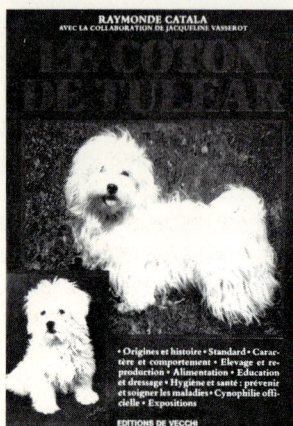

Originaire de Madagascar, ce chien "chasseur de sanglier", plein d'énergie et de tendresse, est particulièrement apprécié par les amateurs d'agility. Ce livre, rédigé par un éleveur reconnu, propose de mieux connaître le standard, les éléments fondamentaux de caractère et de comportement, l'alimentation, les notions incontournables sur l'hygiène et la santé, sur les maladies... Un ouvrage fondé sur une myriade de conseils pratiques.
**Par Raymonde Catala,
143 pages, code 1625**

BIEN SOIGNER SON CHIEN POUR LE GUERIR

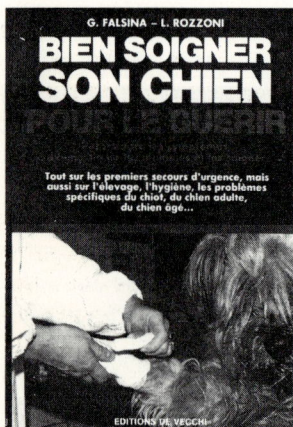

Un ouvrage indispensable pour tout savoir sur les premiers secours d'urgence, sur l'hygiène et les soins quotidiens à apporter à son compagnon. Présentation des principaux symptômes, traitements, préventions, vaccination, maladies du chiot, fractures, troubles du comportement sont largement analysés dans ce manuel pratique.
**Par G. Falsina et L. Rozzoni,
138 pages, code 1628**

3615 DE VECCHI - pour tout savoir sur les éditions De Vecchi : vie pratique et professionnelle, santé, sports-loisirs, parapsychologie, histoire et spiritualité, animaux, chiens, livres de poche... ; un service pour disposer de centaines d'adresses utiles ; un dictionnaire de toutes les races canines... ; des petites annonces gratuites ; une boîte aux lettres ; des jeux...

EDITIONS DE VECCHI - 20, rue de la Trémoille - 75008 Paris - Téléphone : (1) 47.20.40.41.

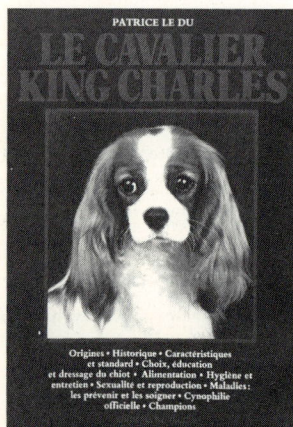

Editions De Vecchi

LES LIVRES DE VOTRE VIE

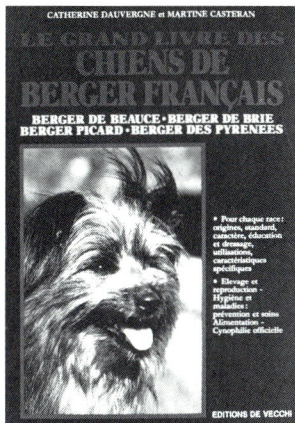

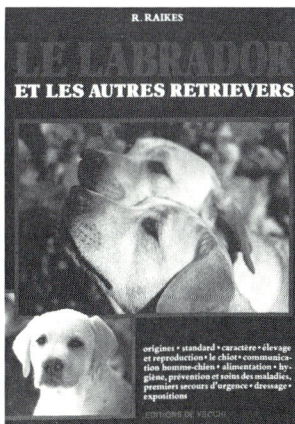

Achevé d'imprimer
en janvier 1995
à Milan, Italie, sur les presses
de Grafiche Milani

Dépôt légal : janvier 1995
Numéro d'éditeur : 3900